中华现代学术名著丛书

校雠学

向宗鲁 著

商务印书馆
创于1897 The Commercial Press

2014年·北京

图书在版编目(CIP)数据

校雠学/向宗鲁著. —北京:商务印书馆,2014
(中华现代学术名著丛书)
ISBN 978-7-100-09908-0

Ⅰ.①校… Ⅱ.①向… Ⅲ.①校勘学 Ⅳ.①G256.3

中国版本图书馆CIP数据核字(2013)第072594号

本书据商务印书馆1944年版排印

中华现代学术名著丛书
校雠学
向宗鲁 著

商务印书馆出版
(北京王府井大街36号 邮政编码100710)
商务印书馆发行
北京瑞古冠中印刷厂印刷
ISBN 978-7-100-09908-0

2014年6月第1版 开本880×1240 1/32
2014年6月北京第1次印刷 印张6
定价:18.00元

向宗鲁

(1895—1941)

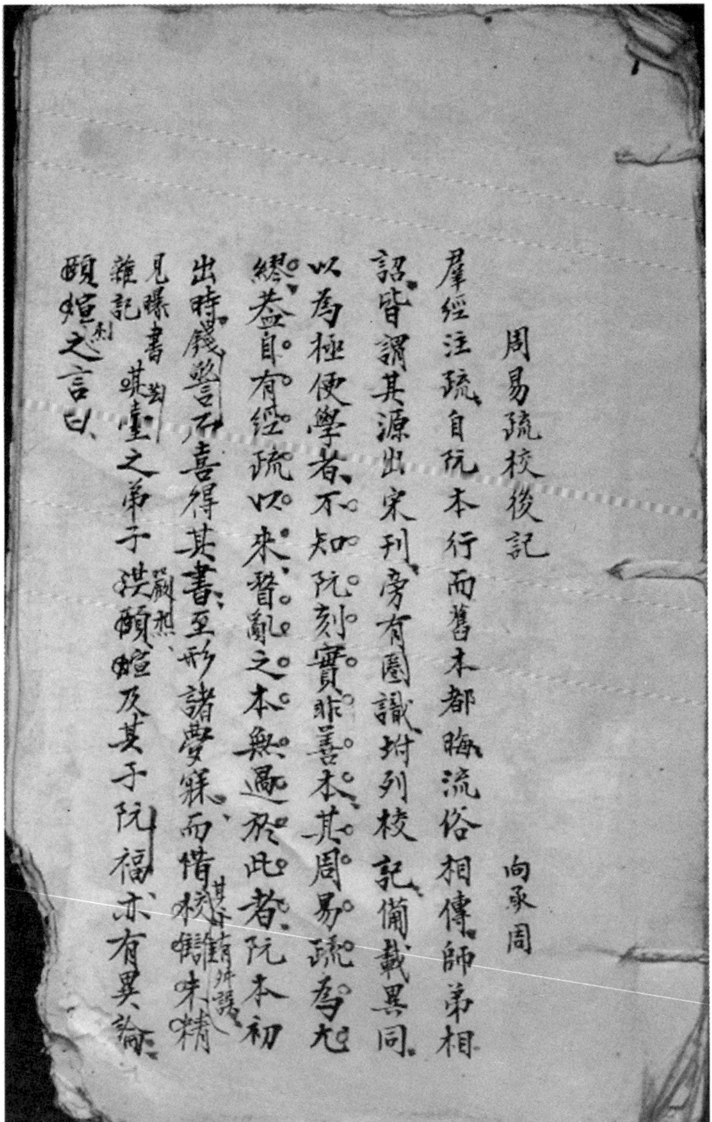

周易疏校後記　向承周

羣經注疏自阮本行而舊本都晦流俗相傳師弟相詔皆謂其源出宋刊旁有圖識附列校記備載異同以為極便學者不知阮刻實非善本其周易疏為尤繆蓋自有經疏以來舊亂之本無過於此者阮本初出時錢警石喜得其書至形諸夢寐而惜校讎未精見曝書雜記芸臺之弟子洪頤煊及其子阮福亦有異論頤煊之言曰

作者手迹

出版说明

百年前，张之洞尝劝学曰："世运之明晦，人才之盛衰，其表在政，其里在学。"是时，国势颓危，列强环伺，传统频遭质疑，西学新知亟亟而入。一时间，中西学并立，文史哲分家，经济、政治、社会等新学科勃兴，令国人乱花迷眼。然而，淆乱之中，自有元气淋漓之象。中华现代学术之转型正是完成于这一混沌时期，于切磋琢磨、交锋碰撞中不断前行，涌现了一大批学术名家与经典之作。而学术与思想之新变，亦带动了社会各领域的全面转型，为中华复兴奠定了坚实基础。

时至今日，中华现代学术已走过百余年，其间百家林立、论辩蜂起，沉浮消长瞬息万变，情势之复杂自不待言。温故而知新，述往事而思来者。"中华现代学术名著丛书"之编纂，其意正在于此，冀辨章学术，考镜源流，收纳各学科学派名家名作，以展现中华传统文化之新变，探求中华现代学术之根基。

"中华现代学术名著丛书"收录上自晚清下至20世纪80年代末中国大陆及港澳台地区、海外华人学者的原创学术名著（包括外文著作），以人文社会科学为主体兼及其他，涵盖文学、历史、哲学、政治、经济、法律和社会学等众多学科。

出版“中华现代学术名著丛书”，为本馆一大夙愿。自1897年始创起，本馆以“昌明教育，开启民智”为己任，有幸首刊了中华现代学术史上诸多开山之著、扛鼎之作；于中华现代学术之建立与变迁而言，既为参与者，也是见证者。作为对前人出版成绩与文化理念的承续，本馆倾力谋划，经学界通人擘画，并得国家出版基金支持，终以此丛书呈现于读者面前。唯望无论多少年，皆能傲立于书架，并希冀其能与“汉译世界学术名著丛书”共相辉映。如此宏愿，难免汲深绠短之忧，诚盼专家学者和广大读者共襄助之。

商务印书馆编辑部

2010年12月

凡　例

一、“中华现代学术名著丛书”收录晚清以迄20世纪80年代末，为中华学人所著，成就斐然、泽被学林之学术著作。入选著作以名著为主，酌量选录名篇合集。

二、入选著作内容、编次一仍其旧，唯各书卷首冠以作者照片、手迹等。卷末附作者学术年表和题解文章，诚邀专家学者撰写而成，意在介绍作者学术成就，著作成书背景、学术价值及版本流变等情况。

三、入选著作率以原刊或作者修订、校阅本为底本，参校他本，正其讹误。前人引书，时有省略更改，倘不失原意，则不以原书文字改动引文；如确需校改，则出脚注说明版本依据，以“编者注”或“校者注”形式说明。

四、作者自有其文字风格，各时代均有其语言习惯，故不按现行用法、写法及表现手法改动原文；原书专名（人名、地名、术语）及译名与今不统一者，亦不作改动。如确系作者笔误、排印舛误、数据计算与外文拼写错误等，则予径改。

五、原书为直（横）排繁体者，除个别特殊情况，均改作横排简体。其中原书无标点或仅有简单断句者，一律改为新式标点，专名号从略。

六、除特殊情况外，原书篇后注移作脚注，双行夹注改为单行夹注。文献著录则从其原貌，稍加统一。

七、原书因年代久远而字迹模糊或纸页残缺者，据所缺字数用“□”表示；字数难以确定者，则用“（下缺）”表示。

赞　辞

同门华阳屈君爰良校录先师此稿既竟，以邮传授器，因受而赞之曰：此先师在川大讲业之作也。民国二十六年秋，先师主讲川大，手创此稿以授同门，盖自七班以至十一班，前后受业者无虑百住，莫不彬彬然洞通今故之郮，读一书即晓传其书也。师之言曰："昔人校雠之名，本以是正文字为主。而郑樵、章学诚之流所谓辨章学术、考镜源流者，特为甲乙簿录语其宗极，而冒尸校雠之名，翩其反矣。彼徒见向、歆之业，著于《录》、《略》，而不知簿录之始，必于校雠之终。事或相资，而名不可贸。辨章学术者，校雠之余事；是正文字者，校雠之本务也。"故乃独抒甘苦，历论古今，箸为此书。义据宏深，文章尔雅，求之古人，当在《文心》、《史通》之间，盖千余年来无此作矣！录先师手定目录，为十有二，一曰正名，释校雠之名义；二曰原始，述斯学之起原，及二刘之梗概；三曰宗郑，剌取康成《礼注》、《诗笺》之涉及校雠者，以为校雠规例；四曰评杜，取杜氏《春秋集解》之涉及校雠者，论其得失；五曰明颜，黄门家训，多涉校雠，今表出之，而以颜籀《汉书注》、《匡谬正俗》之涉及校雠者附焉；六曰申陆，取《经典释文》之论众本得失者，为广申其义；七曰议孔，取《五经正义》之涉及校雠者，议其得失，贾公彦诸人之说附焉；八曰择本上，论石经；九曰择本中，论古钞本；十曰择本下，论刻本；十一曰取材，论类书古注所引须慎择，以药近人窜易古书之失；十二曰杂述，古人及清人之从事校雠者，前目所不能该，于此杂陈之。此其大较也。今缮帑遗稿，其所未成者，有评杜、议孔、择本下、取材、杂述五篇，即择本中一篇，亦未卒业焉。虽校雠之矩矱，此已成数篇，可以尽之，而江藩补惠氏之《易》，陈奂补胡氏之《诗》，亦文苑之美谈，名山之盛业也。吾党有好事者乎？步趋可踵，羽翼自成，不倍不叛，请事斯语矣！民国三十二年孔子生日弟子江津王利器于国立北京大学文科研究所。

附　记

先师宗鲁先生《校雠学》尝自定其目为十二篇：一曰正名，释校雠之名义；二曰原始，述斯学之起原，及二刘之梗概；三曰宗郑，剌取康成《礼注》、《诗笺》之涉及校雠者，以为校雠规例；四曰评杜，取杜氏《春秋集解》之涉及校雠者，论其得失；五曰明颜，黄门家训，多涉校雠，今表出之，而以颜籀《汉书注》、《匡谬正俗》之涉及校雠者附焉；六曰申陆，取《经典释文》之论众本得失者，为广申其义；七曰议孔，取《五经正义》之涉及校雠者，议其得失，贾公彦诸人之说附焉；八曰择本上，论石经；九曰择本中，论古钞本；十曰择本下，论刻本；十一曰取材，论类书古注所引须慎择，以药近人窜易古书之失；十二曰杂述，古人及清人之从事校雠者，前目所不能该，于此杂陈之。（以上先生自定目次原文，书于一小纸上，得之遗箧中者。）先生既没，诸同门属爰艮任校写之役，检其遗稿，得正名、原始、宗郑、明颜、申陆、择本上、择本中七篇，而择本中篇其不成者犹三之一。（此篇首述钞书故实，中论倭人钞本，其末未成者当涉及晚近所得敦煌写本也。）自余评杜、议孔、择本下、取材、杂述五篇，咸有录无书。又先生此箸，本用为诸生讲说，课有常限，故每得数纸，即付手民。印本既成，原稿遂见委弃。遗箧中搜其手迹，百不得一，于是集诸同门所得印本，发其征引诸书以相校，手自录写，讫今年首夏，乃克卒业。盖去先生之没将六百日矣。先生断郑、章之末流，绍向、歆之绝业，谠言弘说，咸具于斯。所举诸例，郑重周详，罗列群言，折衷至当。实校雠之矩矱，非苟为琐碎而已。盖先生于诸经注疏往往成诵，然欲为《议孔》一篇，犹称当详校唐人正义。临没之前，岁成《周易注疏详校》若干卷，又校《左传疏》，乃绝笔于昭公四年，美志不遂，良可哀悼。绍兹大业者，非后生之责乎？既定，以杀青书可缮写，爰记其所接闻诸先生者于目录之后。癸未孟秋，弟子华阳屈爱良。

目　　录

正名第一

昔刘向司籍，校理秘文，谓勘其上下为校，持本相对为雠。《文选·魏都赋》注引《风俗通》云："案刘向《别录·雠校》：'一人读书，校其上下，得谬误，为校；一人持本，一人读书，若怨家相对，为雠。'"是则昔人校雠之名，本以是正文字为主。而郑樵、章学诚之流《通志·校雠略》及《校雠通义》之流。所谓辨章学术、考镜源流者，特为甲乙簿录语其宗极，而冒尸校雠之名，翩其反矣。李绅耆《顾千里墓志》云："郑渔仲辑《艺文略》，始附以校雠之名，然其所言校雠之事，惟编纂类例，搜求亡书，不啻灌灌，则尚是目录家也，不与校雠事。"彼徒见向、歆之业，著于《录》、《略》，而不知簿录之始，必于校雠之终。事或相资，而名不可贸。辨章学术者，校雠之余事；是正文字者，校雠之本务也。吾国先汉旧籍，多由都水手定。应仲瑗称刘向为成帝典校书籍二十余年，书竹上素，杀青缮写。《初学记》二十八引《风俗通》云："杀青书可缮写。谨案刘向《别录》曰：'杀青者，直治竹作简书之耳。'"新竹有汗，善朽蠹，凡作简者，皆于火上炙干之，陈楚间谓之汗。汗者，去其汗也。吴越曰杀，杀亦治也。刘向为孝成皇帝典校书籍二十余年，皆先书竹，为易刊定，可缮写者以上素也。由是言之，杀青者竹，斯为明矣。今东观书，竹素也。惟其是正文字，精谛不苟，故绵历岁时，未竟所业。颖叔继作，《七略》乃奏。若以郑、章之肤言，穷校雠之能事，则类聚群分，撮其指意，期年可必，何以为累世之业乎？昧者或以辨章学术为难，是正文字为易。不思洛诵讹编，率由误简。寻文考义，理难遍通；空语辨章，何由质定？此韩子所由讥先王有郢书，而后世多燕说也。《外储说左上》。若乃亥豕易淆，《吕氏春秋·察传》篇："子夏之晋，过卫，有读史记者，曰：'晋师三豕涉河。'子夏曰：'非也，是己亥也。夫己与三相近，豕与亥相似，至于晋而问之，则曰：晋师己亥涉河也。'"又见《家语·七十二弟子解》。午牛莫辨，唐给事中杨珍奏状错以崔午为崔牛，断笞四十，征铜四斤。事见张鷟《龙筋凤髓判》。案《韩策》有大成午，《汉书·人表》同，《韩子·内储说下》作"大成牛"，亦一字易讹之例。纣红许绿，音辗转而多歧；《读书杂志》四之六："《通雅》曰：《汉书·地理志》汝南郡鲖阳，孟康曰：鲖音纣红反。襄四年《左传》注：繁阳楚地，在汝南鲖阳县。鲖，音纣。每讶其奇。《后汉书·阴兴传》汝南之鲖阳，注：鲖，音纣。《广韵》鲖字下云：又直冢、直柳二切。此皆《地理志》注之音纣红，而讹失其下'红反'二字也。钱氏晓征《汉书考异》曰：《高惠高后文功臣表》，敬侯刘到曾孙鲖阳公乘咸。师古曰：鲖，音纣。按鲖从鱼同声，不得有纣音。《地理志》鲖阳，孟康曰：鲖，音纣红反，正合同声，俗儒不通翻切，妄谓鲖有纣音，大可怪也。引之曰：孟康但音鲖为纣，纣下红反二字，乃后人妄加之也，请列七证以明之，《玉篇》：鲖，直垄切，又直久切。直久正切纣字，而独无纣红之音，若孟康音纣红反，则自魏以来，相承之音不应缺略。今《玉篇》有直久而无纣红，则孟康音纣可知，其证一也。《广韵》平声'一東'：鲖，徒红切，引《尔雅》：鲣，大鲖；上声'二腫'：鲖，直陇切，鱼名；皆未引鲖阳县。至'四十四有'：鲖，除柳切。始云鲖阳县在汝南。《集韵》、《类篇》，并与《广韵》同。则是《地理志》之鲖阳，孟康但音纣，其证二也。颜师古注《高纪》曰：鲖阳音纣，莲勺音酌，当时所呼，别有意义，岂得即定其字以为正音乎？然则鲖阳音纣，师古方不解其意,则其为孟康之音,而非师古所创甚明,其证三也。《后汉书·阴兴传》:汝南之有鲖阳,《吴祐传》鲖阳侯相,李贤注并曰:鲖,音纣。《晋书·地理志》:汝阴郡鲖阳,何超音义曰:鲖,音纣。若孟康音纣红反,而师古音纣,二子不应舍自古相承之音,而从近代一人之臆见。即不以音纣为非,亦当兼存纣红之音,而纣外更无他音,则孟康与师古并音纣,其证四也。《太平御览·州郡部·河南道》引《汉志》:鲖阳属汝南郡,鲖,音纣。此是引孟康之音,非引师古之音,而纣下亦无'红反'二字,其证五也。襄四年《左传》释文曰:鲖阳,孟康音纣,直九反。若孟康音纣红反,释文何得言孟康音纣,直九反,其证六也。又考景祐本、汪本《地理志》:鲖音纣,下原无'红反'二字。则此二字之妄加,实自明监本始,其证七也。(汲古阁本亦无'红反'二字,盖从旧本也。)说者皆谓鲖从同声,不当音纣,不知纣字古音在幽部,同字古音在東部,東部多与幽部相通。如《大戴礼·劝学》篇以从由为韵,《楚辞·天问》以龙游为韵;又《齐风·南山》篇衡从其亩,《韩诗》从作由;昭五年《左传》吴子使其弟蹶由犒师,《韩子·说林》篇由作融;《说文》东北风曰融风,《易通卦验》融作调(见隐五年《左传》正义),调从周声,古读若稠。而《小雅·车攻》篇、《楚辞·离骚》、《七谏》、《韩子·扬搉》篇,并以同与调韵。铜从同声,而《史记·卫青传》大当户铜离,徐广曰:一作稠离。《汉书》作调虽。同与调稠同声,则与纣声相近,故鲖从同声,而亦读如纣。(《说文》:鲖,谓若绔祴。祴从衣龙声,或作襩,从衣卖声。卖字古音在幽部,龙字古音在東部,则祴字即是東幽两通之字,鲖读若祴,固宜其转入幽韵而音纷矣。)《洪范》'曰雺'之雺音武工反,而其字以矛为声;尻字以九为声,而《吕氏春秋·观表》篇注:读如穹穷之穹,此谐幽部之声而读入東部也。牢字古读若留,而《说文》从冬省声:猺字从狃声,古读与狃近,而《齐风》遭我乎猺之间兮,《汉书·地理志》引作峱,其字以农为声,此谐東部之声而读入幽部也。又何疑于鲖之音纣乎?"○《颜氏家训·勉学》篇云:"元氏之世,在洛京时,有一才学重臣,新得《史记音》,而颇纰谬,误反

‘颛顼’字，顼当为许绿反，错作许缘反，遂谓朝士言：‘从来谬音“专旭”，当音“专翾”耳。’此人先有高名，翕然信行，期年之后，更有硕儒苦相究讨，方知误焉。”银琐金根，形依稀而每误。《颜氏家训·文章》篇云：“《后汉书》：‘囚司徒崔烈以锒铛琐。’锒铛，大琐也；世间多误作金银字。武烈太子亦是数千卷学士，尝作诗曰：‘银琐三公脚，刀撞仆射头。’为俗所误。”〇《刘宾客嘉话录》、《尚书故实》俱载韩昶改史传中金根车为金银车事；张涢《云谷杂记》谓韩昶退之之子，儿时即以诗动孟郊，郊集有“喜符郎诗有天纵”之篇，后登长庆四年进士第。韦绚为执谊之子，多诋退之，李绰之说盖本于绚，皆不足信。俞正燮《癸巳存稿》卷十二辨之曰：“《玉泉子》云：‘集贤校理韩昶除拾遗，谏院不受，其时自有公论。’昶所自作墓志铭云：‘字有之，小字符，从张籍学诗，樊宗师学文，不能暗记书。’则昶学自空疏，金银涂改，事或有之。”遂使承学之士，占毕乖方；濡豪之英，临文乱辙。驯至酒称桐马，《颜氏家训·勉学》篇：“《礼乐志》云：‘给太官挏马酒。’李奇注：‘以马乳为酒也，撞挏乃成。’二字并从手。揰挏，此谓撞捣挺挏之，今为酪酒亦然。向学士又以为种桐时，太官酿马酒乃熟。其孤陋遂至于此。”〇挏马官号，非酒名，说见王观国《学林》三。羊号蹲鸱，《颜氏家训·勉学》篇云：“江南有一权贵，读误本《蜀都赋》注解‘蹲鸱，芋也’，乃为羊字；人馈羊肉，答书云：‘损惠蹲鸱。’举朝惊骇，不解事义，久后寻迹，方知如此。”昭子更名，《唐摭言》卷五云：“大居守李相读《春秋》，误呼叔孙婼（敕略）为婼（敕晷）。日读一卷，有小吏侍侧，常有不怿之色。公怪问焉，曰：‘尔常读此书邪？’曰：‘然。’曰：‘胡为闻我读至此而数色沮邪？’吏再拜言曰：‘缘某师授误呼文字，今闻相公呼婼（敕略）为婼（敕晷），方悟耳。’公曰：‘不然。吾未之师也，自检释文而读，必误在我，非在尔也。’因以释文示之（盖书‘略’字以‘田’加首，久而成‘日’，配‘咎’为‘晷’）。小吏因委曲言之。公大惭愧，命小吏受北面之礼，号为一字师。”令升革姓。

《鹤林玉露》卷三云："杨诚斋在馆中，与同舍谈及晋于宝。一吏进曰：'乃干宝，非于也。'问何以知之。吏取韵书以呈，'干'字下注云：晋有干宝。诚斋大喜，汝乃吾一字之师。"○案，《云谷杂记》卷二有辨干、于二姓语。宣公宿学，惑于所角之音；《宋景文笔记》卷中云："《汉书·李广传》：数奇。注切为所角反，故学者皆曰数（朔）奇。孙宣公奭，当世大儒，亦从曰数（朔）。后予得江南本，乃所具反，由是复观颜注，乃颜破朔从所具反云，世人不知觉。"子充博闻，不识政宗之句。《容斋四笔》论钞传文书之误云："今代所传文书，笔吏不谨，至于成行脱漏。予在三馆，假庾自直《类文》，先以正本点检，中有数卷，皆以后板为前，予令书库整顿，然后录之。他多类此。周益公以《苏魏公集》付太平州镂板，亦先为勘校。其所作《东山长老语录序》云：'侧定政宗，无用所以为用；因蹄得兔，忘言而后可言。'以上一句不明白，又与下不对，折简来问。予忆《庄子》曰：'地非不广且大也，人之所用容足耳。然而厕足而垫之致黄泉，知无用而后可以言用矣。'始验'侧定政宗'，当是'厕足致泉'，正与下文相应，四字皆误也。因记曾纮所书陶渊明《读山海经》诗云：'形夭无千岁，猛志固常在。'疑上下文义若不贯，遂取《山海经》参校，则云：'刑天，兽名也，口中好衔干戚而舞。'乃知是'刑天舞干戚'，故与下句相应，五字皆讹。以语友人岑公休、晁之道，皆抚掌惊叹，亟取所藏本是正之。此一节甚类苏集云。"鼎臣精意，惜失校于加莹；龚鼎臣《东原录》云："嘉祐中，予在国子监，与监长钱象先进学官校定李轨注杨子《法言》。后数年因于唐宋类书中见'如玉加莹'一义，惜其未改正也。或问屈原智乎？曰：'如玉加莹，爰见丹青。'李轨注云：'夫智者达天命，如玉加莹，磨而不磷。'往日不知其误，遂改轨注，以就文义尔。"○案今本《法言·吾子》篇作"如玉如莹，爰变丹青"。汪衮父作《义疏》，以龚说为不足信。叔夏覃思，悔臆窥于治忽。彭叔夏《文苑英华辨证》序云："叔夏年十二三时，手钞太祖皇帝实录，其间云：'兴衰治□之源。'阙一字，意谓必是'治乱'。后得善本，乃作'治忽'。三折肱为良医，信知书不可以意轻改。”则校雠之业，盖亦有不容已者焉。溯自板刻流行，数逾三写。《抱朴子·遐览》篇。操取舍于计赢之贾，委权衡于攻木之工，以弄獐伏猎之流，《旧唐书·李林甫传》云：“太常少卿姜度，林甫舅子。度妾诞子，林甫手书庆之曰：‘闻有弄獐之庆。’客视之掩口。”又林甫读“杕杜”为“杖杜”，亦见本传。〇又《严挺之传》云：“林甫引萧炅为户部侍郎，尝与挺之同行庆吊，客次有《礼记》，萧炅读之曰：‘蒸尝伏猎’。炅早从官，无学术，不识伏腊之意，误读之。挺之戏问，炅对如此。挺之白九龄曰：‘省中岂可有伏猎侍郎？’”肆白及牡丹之伎。《尔雅·释草》：“椴，木槿。”郭注：“或注为日及，亦曰王蒸。”田敏改“日及”为“白及”，见《宋史·儒林传》。案《月令》：“仲夏，木堇荣。”疏引某氏曰：“或呼为日及。”《庄子·逍遥游》篇：“朝菌不知晦朔。”《释文》引司马云：“一名日及。”（非一物）陆机《叹逝赋》：“譬日及之在条。”刘禹锡《伤往赋》：“飘零日及之萼。”晋成公绥、潘尼并有《日及赋》。〇顾氏《日知录》卷十八云：“山东人刻《金石录》，于李易安后序‘玄黓岁壮月朔’，不知‘壮月’之出于《尔雅》，改为‘牡丹’。凡万历以来所刻书，皆牡丹之类也。”其见于宋人之记者，《南华》则疑凝致舛；《东坡集·书诸集改字》云：“近世人轻以意改书，鄙浅之人，好恶多同，故从而和之者众，遂使古书日就讹舛，深可忿疾。孔子曰：‘吾犹及史之阙文也。’自予少时，见前辈皆不敢轻改书，故蜀大字书皆善本。蜀本《庄子》云：‘用志不分，乃疑于神。’此与《易》‘阳疑于阴’、《礼》‘使人疑女于夫子’同，今四方本皆作‘凝’。陶潜诗：‘采菊东篱下，悠然见南山。’采菊之次，偶然见山，初不用意，而境与意会，故可喜也，今皆作‘望南山’。杜子美云：‘百鸥没浩荡，万里谁能驯。’而宋敏求谓予云：‘鸥不解没。’改作波。二诗改此两字，觉一篇神气索然也。”〇案《东坡集》中《题渊明饮酒诗后》，亦谓俗本作“望”，由俗士以意改；而《文选》各本皆作“望”，无作“见”者，今所传陶集作“见”，依东坡说改之耳，未必“见”是而“望”非也。其论《南华》“疑”字甚是，疑与儗同，谓比儗于神也。《易》、《礼》皆如是解。张淏《云谷杂记》卷三，谓庄生语出《列子》，今《列子》皆作“疑”，则《庄子》之误，于此可证，何待引《易》、《礼》然后知其误？以《列》校《庄》，亦为确证，特《列》袭《庄》，非《庄》袭《列》耳。《周易》则金釜成嗤。《老学庵笔记》卷七云：“三舍法行时，有教官出《易》义题云：‘乾为金，坤又为金，何也？’诸生乃怀监本《易》至帘前请云：‘题有疑，请问。’教官乃为讲解大概。诸生徐出监本，复请曰：‘先生恐是看了麻沙本。若监本，则坤为釜也。’教授皇恐，乃谢曰：‘某当罚。’即输罚改题而止。然其后亦至通显。”○案此教官事又见叶梦得《石林燕语》，又载秋试题“井卦何以无《彖》”，检福建本《易经·井卦》果脱《彖传》。《广韵》改子陵之州；《云谷杂记》卷四云：“近时闽中书肆刊书，往往擅加改易，其类甚多，不能悉纪，今姑取一二言之。睦州宣和中始改为严州，今所刊《元丰九域志》，乃径易睦州为严州；又《广韵》‘桐’字下注云：‘桐庐县在严州。’然易去旧字，殊失本书之旨。将来谬乱书传，疑误后学，皆由此也。”○案今所传宋巾箱本、张本作“睦州”，《古逸丛书》本作“严州”。《玉篇》迷灵均之畹。《云谷杂记》卷一“山谷兰说”云：“兰似君子，蕙似士大夫，盖山林中十蕙而一兰也。《离骚》曰：‘予既滋兰之九畹兮，又树蕙之百亩。’以是知不独今人，虽楚人亦贱蕙而贵兰也。《邵氏闻见后录》曰：‘鲁直云：楚人滋兰九畹，树蕙百亩，兰以少故贵，蕙以多故贱，予以为非是。盖十二亩为畹，百亩亦相等矣。’又吴虎臣《漫录》曰：‘《离骚经》注，三十亩为畹，即是兰二百七十亩，岂十一之谓乎？不应以多少分贵贱。’淏案，《说文》：三十亩为畹。王逸《楚辞注》乃以十二亩为畹，未知何据。而五臣注《文选·离骚经》亦以三十亩为言，岂王逸所注误耶？二注虽不同，以验山谷之言皆不合。吴、邵二公虽知山谷为误，而不知山谷所以致误之由。盖今世所行《玉篇》，颇多讹舛，最难得善本。如‘畹’字注云：‘三十步为畹。’步乃亩字，误写作步尔。（原注：今浙东宪司与闽中钱塘所刊《玉篇》，其误如故可考。)山谷不悟,遂以三十步为畹,则九畹乃二百七十步,以今制言之,才一亩余耳。故山谷以多少分贵贱,正《玉篇》谬本有以误之,古者步百为亩,秦孝公以二百四十步为亩,当原时尚百步为亩也。兰几三而蕙才一,则以多为贵矣。要之,楚人于兰蕙初无贵贱之分也。"○案《玉篇》:"秦孝公二百三十步为亩,三十亩为畹。"今所传宋本、张本皆讹作三十步,不悟其文相承接,非是。《广韵》《集韵》皆依《说文》作三十亩,无三十步之说,则北宋初所传《玉篇》无三十步之说可知。张氏说甚确。原楚人,不必遂用秦制,张氏谓当原时云云,则误谓原在孝公前矣。其他集部之讹,更难胜计。《容斋三笔》记杜诗误字云:"李适之在明皇朝为左相,为李林甫所挤去位,作诗曰:'避贤初罢相,乐圣且衔杯。为问门前客,今朝几个来?'故杜子美《饮中八仙歌》云:'左相日兴费万钱,饮如长鲸吸百川,衔杯乐圣称避贤。'正咏适之也。而今所行本,误以'避贤'为'世贤',绝无意义,兼'世'字是太宗讳,岂敢用哉?《秦州雨晴》诗云:'天永秋云薄,从西万里风。'谓秋天辽永,风从万里而来,可谓广大。而集中作'天水',此乃秦州郡名,若用之人此篇,其致思浅矣。《和李表丈早春作》云:'力疾坐清晓,来诗悲早春。'正答其意,而集中作'来时',殊失所谓和篇本旨。"○《东观余论》卷下云:"政和二年夏,至洛阳。出上东门,于道化精舍中避暑,于法堂壁间弊箧中得此帙。所录杜子美诗,颇与今行椠本小异,如'忍对江山丽',印本'对'乃作'待';'雅量涵高远',印本'涵'乃作'极',当以此为正,若是者尚多。"○邵博《闻见后录》卷十四云:"予客长安蓝田,水坏一墓,得退之自书薛助教志石,校印本殊不同,印本'挟一矢',石本乃'指一矢',为妙语。又城中有发地得小狭青石,刻《瘗破砚铭》。长安又得李元宾墓铭,段季展书,校印本无友人博陵崔弘礼卖马葬国东门之外七里之事。又印本铭云:'已乎元宾,文高乎当世,行过乎古人,竟何为哉!'石本乃'意何为哉'(世彩堂本注驳此事),益叹石本之语妙。欧阳公以下,好韩氏学者皆未之见也。"○王得臣《麈史》卷中云:"退之有《读皇甫湜公安园池诗书其后》,

此篇常病难读，盖多脱漏。予亲家季勉之收永叔、王原叔、宋子京三公所传韩文，最为全本，悉多是正。于是知此篇乃脱八字，自‘湜也困公安，不自闲’，盖‘闲’字下脱‘其闲’二字，又‘掎摭粪壤’下脱一‘间’字、下又脱‘粪壤多’三字，其后‘岂有臧’字下脱‘不臧’二字。读之者可以考焉。至于他诗，亦多是正，此不悉也。”○《朱子语类》云：“东坡赋‘盈虚者如代’，今多误作‘彼’字。‘而吾与子之所共食’，‘食’字多误作‘乐’。尝见东坡手写本皆作‘代’字、‘食’字。顷年苏季真刻《东坡文集》尝见问食字之义。云：‘如食色之食，犹云享也。’”○费衮《梁谿漫志》卷六云：“蜀中石刻东坡文字稿，其改窜处甚多。”（举《乞校正陆贽奏议劄子》、《获鬼章告裕陵文》二篇注其异同，此略。）○《老学庵笔记》卷四云：“唐拾遗耿纬《下邽喜叔孙主簿郑少府见过》诗云：‘不是仇梅至，何人问百忧。’苏子由作绩溪令时，有《赠同官》诗云：‘归报仇梅省文字，麦苗含穟欲蚕眠。’盖用纬语也。近岁均州版本辄改为仇香。”○张世南《游宦纪闻》卷七云：“嘉定甲申夏，有持颍滨先生帖十数幅求售，踪迹所自，知非赝物甚明。有《黄鹤楼赋》一篇，其间‘前则项籍、刘戊’一句，《观澜文》作‘刘备’，《颍滨集》作‘刘季’。刘戊乃楚元王交之子也，汉六年既废楚王信，分其地为二国。立刘贾为荆王，交为楚王，王薛郡、彭城三十六县，先有功也。交薨，戊嗣，稍淫暴，遂应吴王反。起兵会吴，与周亚夫战，绝吴粮道，士饥，吴王走，戊自杀。彭城即徐州，先生之意，盖以此也。不知当时作刘备、刘季，而后来易以戊邪？或传写讹谬，而意为备为季邪？要当以先生手书为定也。”○案，宋人好论诗文字句异同，今略举杜、韩、二苏集各二条为例。远征天水，厥弊如斯；降及元明，兹风愈扇。苟如邢邵之言，思彼误书，惟求自适；谢兹雠校，不为人谋，《北齐书·邢邵传》云：“有书甚多，而不甚雠校。见人校书，常笑曰：‘何愚之甚，天下书至死读不可遍，焉能始复校此。且误书思之，更是一适。’妻弟李季节，才学之士，谓子才曰：‘世间人多不聪明，思误书何由能得。’子才曰：‘若思不能得，便不劳读书。’”固华士之夸辞，非通人之弘致也。顾校雠之例，首重谨严；疑义阙文，焉资矫说。刘元城有马之论，陈鹄《西塘集·耆旧续闻》卷一云："有问刘元城先生：'"吾犹及史之阙文也，有马者借人乘之，今亡矣夫。"先儒说此多矣，但难得经旨贯串。'元城曰：'子但熟味"及"字与"亡"字，自然意贯。"有马者借人乘之"，便是史之阙文。夫有马而借人乘，非难底事，而史且载，此必是阙文。"及"如及见之谓，圣人在衰周，犹及见此等史，存而不敢削，亦见忠厚之意。至后人见此语颇无谓，遂从而削去之，故圣人叹曰："今亡矣夫。"盖叹此句之不存也。故圣人作《春秋》，于"郭公"、"夏五"，皆存之于经者，盖虑后人妄意去取，失古人忠厚之意，书之所以示训也。'故先生尝言：'"直其正也，方其义也。君子敬以直内，义以方外"，当作"正以直内"。"能悦诸心，能研诸侯之虑"，当作"能研诸虑"。如此类者，五经中极多，前辈恐倡后生穿凿之端，故不敢著论。若或为之，倡后生竞生新意，以相夸尚，六经无全书矣，其害多于无人论说之时。此前辈所以谨重，姑置之不言可也，此正有得于圣人阙文之意。'"王原叔无地之谈，《王氏谈录》云："公言校书之例，他本有语异而意通者，不取可惜，盖不可决谓非昔人之意，俱当存之，如注为一云作某。（原注：一字以上谓之一云，一字谓之一作。）公自校杜甫诗，有'草阁临无地'之句，他本又为荒芜之'芜'，既两存之。他日有人谓'无地'字以为无义。公笑曰：'《文选》云，飞阁下临于无地，岂为无义乎？'"盖有由矣。昔康成注《礼》，尚失于叶公；《困学纪闻》卷五云："《缁衣》'叶公之顾命曰：毋以小谋败大作，毋以嬖御人疾庄后，毋以嬖御士疾庄士大夫卿士。'《周书·祭公》篇：'公曰：汝无以嬖御固庄后，汝无以小谋败大作，汝无以嬖御士疾大夫卿士，汝无以家相乱王室，而莫恤其外。'（原注：'叶公'当作'祭公'，疑记《礼》者之误。）"○惠氏《九经古义》"叶公之顾命"注云"楚县公叶公子高也，临死遗书曰顾命，栋案，其辞有庄后、大夫、卿士，非叶公之言也，此《周书·祭公》谋父之辞"云云。即本王说。元长操觚，犹迷于侮食。《困学纪闻》卷十九云:"《周书·王会》:东越海蛤,或误为'侮食',而王元长《曲水诗序》用之,其别风淮雨之类乎!"遵明之说八寸为八十,则徇俗以乱真;《北史·儒林·徐遵明传》云:"遵明见郑康成《论语序》云'书以八寸策',误作八十宗,因曲为之说,其僻如此。"伯喈之以五叟为五更,则求明而反晦。蔡邕《月令问答》云:"问:'《记》曰"养三老五更",子独曰"五叟";《周礼》曰"八十一御妻",又曰"御妾",何也?'曰:'字误也。叟,长老之称也,其字与更相似,书者转误遂以为更。嫂字女旁叟,瘦字疒中叟,今皆以为更矣。立字法者,不以形声,何得以为字?以嫂㛐、瘦㾘推之,知是更为叟也。妻者,齐也,惟一適人称妻,其余皆妾,位最在下,是以不得言妻云也。'"(说又见《独断》)○案,《乐记》:养三老五更于大学,所以教诸侯之孝也;《祭义》:养三老五更于大学,所以教诸侯之弟也;《文王世子》:遂设三老五更群老之席位焉,字皆作"更"。《白虎通·乡射》篇:"更者,更也,所更历者众也。《文王世子》注:'三老五更各一人也,皆年老更事者也。'"(《独断》及《汉官仪》皆云,以道改更己也。)则更字不误。又蔡说以三老为三人,五更为五人,《白虎通》云:"三老、五更几人乎?曰:各一人。既以父事,父一而已,不宜有三。"通学且然,而况庸庸者乎!颜黄门有言:"校定书籍,亦何容易。自刘向、杨雄,方称此职耳。观天下书未遍,不得妄下雌黄。"《颜氏家训·勉学》篇。盖校雠之事,若斯之难也。彼踵武郑、章者,乃欲以蹈虚之业,易征实之功,显与《别录》之言相背,未尝一顾,而曰:子政之校雠固如是也。不亦悖哉!

附录　段玉裁《与诸同志书论校书之难》:

校书之难,非照本改字不讹不漏之难也,定其是非之难。是非有二,曰底本之是非,曰立说之是非。必先定其底本之是非，而后可断其立说之是非。二者不分，轇轕如治丝而棼，如算之淆其法实而瞀乱乃至不可理。何谓底本？著书者之稿本是也。何谓立说？著书者所言之义理是也。

《周礼·轮人》："望而视其轮，欲其幎尔而下迆也。"自唐石经以下，各本皆作"下迆"，唐贾氏作"不迆"，故疏曰："不迆者，谓辐上至毂，两两相当，正直不旁迆。故曰不迆也。"文理甚明。今各本疏文皆作"下迆"，下迆者，谓辐上至毂，两两相当，正直不旁迆，故云下迆也。其语绝无文理，则非贾氏之底本矣。此由宋人以疏合经、注者改疏之"不"字，合经之"下"字，所仍之经非贾氏之经本也。然则经本有二，"下"者是与，"不"者是与？曰："下"者是也。"望而视其轮"，谓视其已成轮之牙，轮圜甚，牙皆向下迆邪，非谓辐与毂正直，两两相当。经下文"县之以视其辐之直"，自谓辐；"规之以视其圜"，自谓牙，轮之圜在牙。上文毂、辐、牙为三材，此言轮、辐、毂，轮即牙也。然则唐石经及各本经作"下"是，贾氏本作"不"非也，而义理之是非定矣。倘有浅人校疏文"下迆"之误，改为"不迆"，因以疏文之"不迆"，改经文之"下迆"，则贾疏之底本得矣，而于义理乃大乖也。

《王制》："虞庠在国之四郊。"注云："周立小学于四郊。"唐孔氏本经注皆作"西郊"。疏云："西序在西郊，周立小学于西郊。"《祭义》："天子设四学，当入学而太子齿。"注云："四学，谓周有四郊之虞庠。"孔氏本改注作"西郊"，故疏云："天子设四代之学，周学、殷学、夏学、虞学也。天子设四学，以有虞庠为小学，设置于西郊，当入学之时而太子齿于国人。"今本疏文作"设置于四郊"，文理不可通，则非孔氏之底本矣。此由宋人以疏合经、注者，改疏之“西郊”，合注之“四郊”，所仍之注，非孔氏之注本也。然则《祭义》注本有二，“四郊”是与，“西郊”是与？曰：“四郊”是也。郑注以“周有四郊虞庠”释经“四学”，文理一直，并无转折。周有四郊虞庠，即《王制》之“虞庠在国四郊”，注之“周立小学于四郊”也。故皇侃云：“四郊皆有虞庠。”《通典》云：“周制大学为东胶，小学为虞庠。”引郑注《祭义》：“周有四郊之虞庠。”又引崔灵恩说，亦云郑注《祭义》曰：“周有四郊虞庠。”《北史·刘芳传》，芳表曰：“《礼记》云：‘周人养庶老于虞庠，虞庠在国之四郊。’又云：‘天子设四学，当入学而太子齿。’注云：‘四学，谓周四郊之虞庠也。’”刘、崔、皇、杜所见《祭义》注皆作“四郊”，王肃虽好驳郑，而刘芳表云：“王肃《礼记》注云：‘天子四郊有学，去都五十里。’郑氏则不知远近。”按，郑注《王制》“移之郊”云：“为习礼于郊学，郊在乡界之外。”则郑谓郊学在远郊百里，肃则云近郊五十里，惟此为小异，而小学在四郊无异，故卢辩注《大戴礼》亦言“四郊之学”。刘芳表曰：“大学在国，四小学在郊。”引《保傅》篇“帝入东学，帝入西学，帝入南学，帝入北学，帝入大学”，而总之曰：“周之五学，于此弥彰。”崔灵恩亦曰：“凡立学之法，有四郊及国中，四郊并方名之，国中谓之大学。”然则四郊小学，绝无可疑。再证以《王制》注“习礼于郊学，在六乡之外，六遂之内”，则断不专在西郊一处，亦可证。或以《祭义》“祀先贤于西学”为疑，不知此即《保傅》篇“帝入西学”，尚贤而贵德，祭先贤专在西郊也。西学者，四郊之一，别辞也；四学者，合四郊言之，都辞也。孔氏于《王制》依误本“西郊虞庠”，因改此注亦作“西郊之虞庠”，而经文故作"四学",因用《仪礼》注"周立四代之学",释经之"设四学",以四学中有西郊虞庠,释注谓"周西郊之虞庠",是不思《仪礼》"四代之学",谓立大学于国中,不得与郊之小学糅合为四也。且以一承四,甚费周折,是孔氏二疏作"西郊"皆非也,而义理之是非定矣。倘有浅人校《祭义》疏,改"四"为"西",因并改《祭义》注之"四"为"西",《王制》经、注、疏之"西郊",皆沿误不改,则孔疏之底本虽得,而于义理乃大乖也。

《春秋左传》:"卫侯赐北宫喜谥曰贞子,赐析朱钼谥曰成子,而以齐氏之墓与之。"杜注曰:"皆死而赐谥及墓田,传终言之。"宋本亦或作"皆未死而赐谥及墓田,传终而言之",二者皆出于宋本,孰为是与?曰:"皆死而赐"者是也。二人时未死也,既死而赐,故要其终而言之。若云皆未死而赐,则"传终言之"句不可接而为赘辞矣。是一本作"未死而赐"者非也。然则死而赐,于说经是与?曰:《春秋》常事不书。书者,为其未死而赐也。云"死而赐",则杜注之底本得矣,而于义理实非也。云"未死而赐",则杜注之底本失矣,而于义理有合也。○《困学纪闻》卷六云:"卫侯赐北宫喜谥曰贞子,赐析朱钼谥曰成子,是人臣生而谥也。"何义门云:"杜氏注云:'未死而赐谥及墓田,传终而言之。'近得不全宋椠本作'皆死而赐谥及墓田,传终言之',少'未'字,而义尤确,意尤明,似胜王氏所据之本。"案彭文勤《知圣道斋读书跋》言内府藏宋本凡七,其一本作"死而赐谥",与何氏所见合。《天禄琳琅续编》亦载是本,四函,二十八册。云:"书末有近人跋云:昭二十年,卫侯赐北宫喜谥曰贞子,赐析朱钼谥曰成子。后之考订者,如升庵、宁人辈,皆据以为古人有生而谥者。昔何义门得宋椠不全《左传》,注中云：皆死而赐谥及墓田，传终言之。无未字、而字，以示阎百诗，相为击节（案，亦见《纪闻》注）。且若有未字，则与传终言之不相属。余见宋椠《左传》多矣，即如南宋相台岳氏、世彩堂廖氏所刻九经，最称善本。廖本未见，岳本及诸本检之，皆有未字。癸巳岁，余至虞山席玉照家，得汲古阁所藏宋本《左传》全帙，及残本五册。检之，皆作死而赐谥，故毛氏并残本而藏之也。盖未字之增已久，王伯厚不加细审，为所误耳。余因取缮岳本校之，无甚大谬，然此一字之增，何啻霄壤！闲正数十字，皆岳本不及，此本真可宝也，因记之，以破千古之误。乾隆丙午秋仲，彭城仲子识。"又云："王渔洋《池北偶谈》十四卷'谈艺'亦引其说，亥豕之误人如此，学者能不考之？"黄荛圃《百宋一廛赋》注，残小字本《春秋经传杜氏集解》，每半叶十四行，每行大二十三字，所存前后凡二十三卷。又残中字本每半叶八行，每行十七字，所存前后凡十八卷。若以两本相补，惟少第十四卷耳。其昭公二十年，两有，与阎百诗、何义门所说死而赐谥皆合，但未知当日所见为何本。○案孙诒谷《读书脞录》卷二亦说此事，谓宋椠不全本《左传》藏归安严九能家。然此本存四卷，非黄氏所见之本也。严以诒臧在东，见《经义杂记》卷三注。黄氏所藏小字本后归铁琴铜剑楼。瞿氏书目载之，引段氏懋堂云：杜曰终言之，则其上文为死而赐谥，无可疑者（校勘记云：宋本、宋残本、足利本无未字而字，亦引段说）。段氏此之辨杜氏之底本极是，而谓于义理实非则谬。《春秋》常事不书，乃《公羊》桓四年传文，段君以《公羊》说《左氏》，家法不分，其误一也。常事不书，谓孔父之经，非谓丘明之传，段君以传文为《春秋》，是经传不明，其误二也。

《毛诗》"泾以渭浊"，《笺》云："泾水以有渭，故见谓浊。"《正义》曰："泾水言以有渭，故人见谓己浊，犹妇人言以有新婚，故君子见谓己恶也。"引定本《笺》作"泾水以有渭，故见其浊。"《释文》曰："故见渭浊，旧本如此。一本'渭'作'谓'，后人改耳。"按，同一字而《正义》作"见谓"，师古定本作"见其”，《释文》作“见渭”，三者孰是？曰：《正义》作“谓”是也。如《释文》作“见渭”，则不可通；定本作“见其”，亦因旧作“渭”不可通，而改之耳。作“见谓浊”，文理易憭；陆德明反说“见谓”为非，“见渭”为是。苟知孔氏疏文底本作“见谓”不误，而义理之是非亦定矣。倘有必据《释文》以改《正义》，则孔疏之底本失，而于义理乃大乖也。

《士冠礼》：“以挚见于乡大夫、乡先生。”《冠义》同。上“乡”字《释文》作“乡”，云二“乡”并音“香”。二经疏皆作“卿大夫乡先生”。贾云：“经言卿大夫，不言士。”孔云：“谓在朝之卿大夫也。”“乡”、“卿”果孰是与？曰：“乡大夫”是也，作“卿”非也。凡言乡大夫有二义。一则《周礼》之本乡乡老、乡大夫，关以下州长、党正、族师、闾胥也。乡大夫，卿也。乡老，公也。举乡大夫以上关公、下关士也。○王伯申云：“案乡大夫乃官名，非爵名，不得上关公，下关士也。”一则本乡之士为大夫在朝者，亦举大夫以关公士也。○王云：“此说无据。”《乡射礼》注云“遵者，乡之人仕至大夫者”，○王云：“乡之人仕至大夫者谓之遵者，不闻谓之乡大夫也。”又曰：“乡先生，乡大夫致仕者也。”○王云：“此乡大夫亦当作卿大夫，《士冠礼》注所谓乡先生，乡中老人为卿大夫致仕者也。此注‘卿大夫致仕者’六字，正与彼同，传写者卿误为乡耳。亦犹《士冠礼》注之卿大夫，钟本、陈本及《通典》通解杨氏图俱误作乡大夫也。”此“乡大夫”三字，所谓“同一乡之人仕至大夫者”，○王云：“《乡射礼》注乡大夫乃传写之误，不得据以为解。”同一乡而仕至大夫曰乡大夫，○王云：“敖继公《集说》云：乡大夫，乡之异爵者也，臆说不足据。段用其意，而为此说，非也。遍考书传，无谓同乡之人仕至大夫为乡大夫者。”每乡卿一人，亦即大夫之一也。○

王云:“此亦用敖氏主治一乡之说,然敖云:乡大夫,乡之异爵者也。或云:即主治一乡者,皆未定之说。前说是则后说非,后说是则前说非矣。今乃两说并用,不自相剌谬乎?且经义果如此,则注当云:乡大夫官名,每乡卿一人;或云:乡大夫,同乡之人仕至大夫者,文义乃明,何得无一语注释?”同一乡仕至大夫致仕者曰乡先生,即上老坐于右塾,庶老坐于左塾,乡饮、乡射则谓之“遵者”是也。郑于《礼》《礼记》皆释乡先生,不释乡大夫者,《礼记》言乡先生同乡老而致仕者,则乡大夫之为同乡现仕者可知矣。《仪礼》言:乡先生,乡中老人为卿大夫致仕者,则乡大夫为乡中卿大夫未致仕者可知矣。○王云:“卿大夫若作乡大夫,则文在乡先生之前。郑当先释乡大夫称乡之义,何待至乡先生而始云同乡云乡中乎?至乡先生而始释乡字,则上文卿大夫之不作乡明矣。”又案,卿大夫人所共晓,故郑不注。若作乡大夫,则不得无注矣,何以《仪礼》《礼记》注皆不释此三字乎?段虽曲为之说,而终不可通也。必重同乡者,死徙无出乡,百姓亲睦,相保相受,相葬相救,相赒相宾,欲使一乡之人相好如一家,六亲六遂皆然,而后仁义箸,教化行,本乡之外,恐太广而不浃,本乡之内,不甚远而易相亲,故有冠者必见其乡之已仕、致仕者,圣人教民之深意也。如贾、孔作“卿大夫”,则在朝之卿大夫,其可全见与?○王云:“古者无大夫冠礼,赵文子所行,即士冠礼也,遍见六卿,见于《国语》。不得云不可全见。晋有六卿,犹且全见,其余诸侯,则大国三卿、小国二卿,人数无多,何不可全见之有?”是以陆是而贾、孔非也。○王云:“韦昭《晋语》注引《礼》作卿大夫,与贾、孔合,则贾、孔是而陆非。”今若依贾、孔之底本,改陆氏音“香”之说,改二经作“卿大夫”,则贾、孔之底本得矣,而于义理乃大乖也。○案,刘端临《经传小记》始谓贾、孔二疏作卿,陆本误作乡。卢抱经《群书拾补》用其说,段氏以为非。顾千里为张古余作抚本《礼记考异》，略同段说。王伯申《经义述闻》卷十申刘义以驳段、张、顾。今以王说分注于段说之下，如上文。

就五事论之，依今疏作“下迆”，而贾不受也，依贾作“不迆”以改经，而《考工》经不受也；依《祭义》今疏“四郊虞庠”，而孔不受也，依孔作“西郊”，而《祭义》《王制》经、注不受也；依“皆未死而赐谥”，而杜元凯不受也，依“皆死而赐谥”，又恐左公不受也；依疏作“见谓浊”，而陆不受也，依《释文》作“见渭浊”，而郑笺不受也；改二疏作“乡大夫”，而贾、孔不受也，依疏以改经及《释文》作“卿大夫”，而经、《释文》不受也。故校经之法，必以贾还贾，以孔还孔，以陆还陆，以杜还杜，以郑还郑，各得其底本，而后判其义理之是非，而后经之底本可定，而后经之义理可以徐定。不先正注、疏、《释文》之底本，则多诬古人；不断其立说之是非，则多误今人。

自宋人合《正义》、《释文》于经、注，而其字不相同者，一切改之使同，使学而不思者，白首茫如，其自负能校经者，分别又无真见，故三合之注疏本似便而易惑，久为经之贼而莫之觉也。如近者顾千里校《祭义》疏，改“四郊”为“西郊”，孔氏之底本得矣，而遂欲改注之“四郊”为“西郊”，且云《王制》经、注之“西郊”不误，是知孔氏之底本，而不知郑氏之底本也。郑氏之底本失，则经之底本亦失，而周制四郊小学，遂不传矣。千里又窃余向时辨刘端临、卢绍弓据二疏改经“乡大夫”为“卿大夫”之说，著于《礼记考异》，而未知其详，且又因宋本之讹字，谓贾作“乡”不误，是又知经之底本，而不知贾疏之底本也。知之者所以辨其非而归于一是也。东原师云：凿空之弊有二：其一缘辞生训也，其一守讹传谬也。缘辞生训者，所释之义，非其本义；守讹传谬者，所据之经，并非其本经。如孔氏“虞庠在国西郊”，所谓所据之经非其本经也，而缘之立说，则所释之义非其本义矣。经文之不误者，尚惧缘辞生训，所释非其本义，况守讹传谬之经耶？孔氏守唐时讹谬之本，千里又守孔氏所守，至于古本之是者，确有可据，而不之信，信孔以诬郑，诬郑以诬经，不大为经之害也哉！凡校经者贵求其是而已。以《祭义》注“四郊虞庠谓之四学”，正《王制》经注之“西郊”为“四郊”，考之《大戴礼》、王肃、刘芳、皇侃、崔灵恩、杜佑诸家而无不合，以排孔氏之疏谬，所谓求其是也。执事以为如何？○案，孙诒谷据《北史·刘芳传》及《祭义》经注以正《王制》“西郊”为“四郊”之误。（《读书脞录续编》卷一）顾千里作《学制备忘记》，力攻其说。段君作《四郊小学疏证》，以申孙义，遂与顾相失。段集中《与顾千里论学制备忘之记》诸篇，及《附顾千里答》，互诋甚烈。此为段君晚年极忿之事，故集中他文，如与陈仲鱼、黄绍武诸书及此篇，皆为千里而发也。《思适斋集》中《与段大令论椒聊经传书》、《重刻宋本〈仪礼〉疏后序》、《书〈尚书撰异·君奭〉后》、《书〈毛诗故训传〉定本后》、《书段氏〈说文注〉后》诸篇，皆讥切段氏，以报东门之役。夫懋堂当代耆儒，又千里平日所师事，一言不合，遽关射羿之弓，宜为段君之不平也。

原始第二

昔闵马父称正考父校商之名颂十二篇于周太师，以《那》为首。《鲁语》文，韦解云："《毛诗序》云：'微子至于戴公，其间礼乐废坏，有正考父者，得《商颂》十二篇于周之太师，以《那》为首。'郑司农云：'自考父至孔子又亡其篇，故余五耳。'"案，郑《诗谱》用此文，《正义》云："宋之礼乐虽则亡散，犹有此诗之本，考父恐其舛谬，故就太师校之也。"校雠之业见于载籍，盖莫先于此矣。嗣是孔子辨燕伯于《春秋》，《公羊·昭十二年》："齐高偃帅师纳北燕伯于阳。"《传》："伯于阳者何？公子阳生也。子曰：'我乃知之矣。'"何注："时孔子年二十三，具知其事，后作《春秋》。"案《史记》，知"公"误为"伯"，"子"误为"于"，阳在，生刊灭阙。子夏征涉河于《晋史》，事详《正名》篇。固已立校雠之椠矱，导向、歆之先路。及至汉武帝即位好学，亲加省校，庄、马之徒，咸与编摩。《书钞》一百二、《御览》八十八引《汉武故事》云："上少好学，招求天下遗书，亲自省校，使庄助、司马相如等以类分别之。"下逮孝宣之世，近君校礼容之籍，《汉书·儒林传》云："后苍字近君。"又云："苍说《礼》数万言，号曰《后氏曲台记》。"颜注引服虔曰："在曲台校书著记，因以为名。"案，《文选·竟陵王行状》注引《七略》云："宣皇帝时行射礼，博士后苍为之辞，至今记之，曰《曲台记》。"则苍校书在宣帝时也。子侨正《君臣》之篇，《御览》二百二十一引《别录》云："孝宣皇帝重申不害《君臣篇》，使黄门郎张子乔正其事。"案，子乔与刘向同待诏金马门，见《王褒传》；与刘向同以能属文辞并进对，见向本传。两传及《艺文志·诗赋略》“乔”并作“侨”。向传注云：“‘侨’字或作‘蟜’，或作‘乔’，皆音钜骄反。”又其近例也。班《志》称成帝时书颇散亡，使陈农求遗书，而刘向司校雠。每一书已，向辄条其篇目，撮其旨意，录而奏之。向卒，哀帝复使向子歆卒父业。歆于是总群书而奏其《七略》。同与斯役者，则步兵校尉任宏校兵书，丞相史尹咸校数术，侍医李柱国校方技。向、歆所校，经传、诸子、诗赋而已。以上并见《汉书·艺文志》，向校书事又见《成帝纪》。今详考之，则《志》所举犹有未悉。案《晏子春秋叙录》云：“臣向谨与长社尉参校雠。”《列子叙录》同。“参”者，杜参也。《艺文志·诗赋略》有博士弟子杜参赋二篇，注引《别录》云：“臣向谨与长社尉参校雠中秘书。”是也。《管子叙录》有富参书，疑富参乃杜参之误。《北齐书·文苑·樊逊传》作“长水校尉参”，非是。盖校者不知“长社”为颍川县名，熟于长水校尉之名，因臆改之耳。《汉书·叙传》言：班斿博学有俊才，与刘向校书，每奏事。颜注：“斿每奏校书之事。”而未言所校为何书。《志》言子骏受诏校书在子政既卒之后，而《刘歆传》则云：“河平中，受诏与父向领校秘书。”《别录》亦云：“臣向谨与黄门侍郎歆所校《列女传》，种类相从为七篇。”《初学记》二十五引。是子政生前，子骏已同与斯役矣。阮孝绪《七录序》云：“孝成之世，命光禄大夫刘向及子俊、歆等雠校篇籍。”《广弘明集》卷三引。孙伯渊、《续古文苑》。严景文《全梁文》。皆谓“俊”为“伋”之误。详其文义自作“伋”，后人以歆字子骏，乃改伋为俊，以合之耳。向传云：“向三子皆好学。长子伋，以《易》教授，官至郡守。”则其才足以校书。阮氏之言，当有所据。姚振宗《隋志考证》疑出《七略别录》，说近是。则子政之子与于斯役者，不徒子骏。《志》也言尹咸校数术,不言他书。而歆传则云:"时丞相史尹咸以能治《左氏》与刘歆共校经传。"《儒林传》叙《左氏》传授云:"尹更始传子咸及翟方进、胡常,而刘歆从尹咸及翟方进受。"歆传亦云:"歆略从咸及翟方进质问大义。"则尹咸乃子骏所师事者也。则尹咸所校,又不徒数术也。《山海经》载刘秀表曰:"校秘书太常属臣望所校《山海经》凡三十二篇,今定为一十八篇。"则臣望先校《山海经》,而歆复审之也。《海外东经》、《海内东经》之末,俱有题识云:"建平元年四月丙戌,待诏太常属臣望校治,侍中光禄勋臣龚、侍中奉车都尉光禄大夫臣秀领主省。"郝兰皋谓望盖丁望。丁望者,定陶丁姬之叔父也。见《外戚传》。龚即王龚,《儒林·房凤传》云:"时光禄勋王龚以外属内卿与奉车都尉刘歆共校书,三人皆侍中。"则龚亦与于校书之役,而房凤以明经通达为王根所荐。及师丹奏歆非毁先帝所立,哀帝出龚为弘农、歆河内、凤九江太守,是三人者进退必偕,凤亦或与于校书之事,而史文言之未晰耳。《后汉书·苏竟传》云:"王莽时与刘歆共典校书。"又载《与刘歆兄子龚书》云:"走昔以研摩编削之才,与国师公从事出入,校定秘书。"考本传云:"竟以明《易》为博士讲书祭酒。善图纬,能通百家之言。"则经传诸子,所校必多矣。《华阳国志》记广汉士女云:"杨宣字君纬,什方人。平帝时,命持节为讲学大夫,与刘歆共校书。"考常《志》谓宣少受学于楚国王子张,受天文图纬于河内郑子侯。师杨翁叔,能畅鸟言。《论衡·实知》篇:"广汉杨翁伟能听鸟兽之音。"即此文之杨翁叔,廖本常《志》作"杨公叔"。其言灾异事,《汉书·五行志》、《元后传》俱载之。则所校当与尹咸同科矣。因斯以谈,向、歆之鸿业,盖亦由涣群之吉,非夫一手一足之为烈也。夫官有世守,业有专攻。被逢掖习笾豆者,绌于行陈之用;明庶物察人伦者,忽于占卜之验。而岐伯苗父之业,又非夫圜冠句屦之伦所能遍习也。故以博物洽闻、通达古今如中垒父子,虽陈力而就列,犹程材而谢短焉。寻向之校书也,其术有八。一曰聚本:

《战国策书录》所据有中书及国别者八篇。《管子书录》所据有中书三百八十九篇,大中大夫卜圭书二十七篇,臣富参四十一篇,射声校尉立书十一篇,太史书九十六篇。《晏子叙录》所据有中书十一篇,太史书五篇,臣向书一篇,长社尉参书十三篇。《孙卿书录》所据有中书三百二十二篇。《列子书录》所据有中书五篇,太常书三篇,太史书四篇,臣向书六篇,臣参书二篇。《邓析书录》所据有中书四篇,臣叙书一篇。《说苑叙录》所据有中书、臣向书、民间书。《史记·老子韩非传》索隐引《别录》云:"《申子书》今民间所有二篇,中书六篇。"宋谢守灏《混元圣纪》引《七略》云:"刘向雠校中老子书二篇,太史公书一篇,臣向书二篇。"《韩非子书录》不言所据各本,又不著撰人,盖非向作。《关尹子》、《子华子》皆伪作,其《书录》亦伪。《列子》虽伪书,其《书录》盖取之《别录》。《邓析书录》据《崇文总目》所载乃刘歆作也。

二曰去复:

《战国策书录》云:"除复重得三十三篇。"《管子书录》云:"凡中外书五百六十四篇,以校,除复重四百八十四篇,定著八十六篇。"今本目亦八十六篇,中外书都数五百六十四篇,若除四百八十四篇,止得八十篇,则除复重者当为四百七十八篇,云四百八十四,误也。《晏子叙录》云:"凡中外书三十篇,为八百三十八章。

除复重二十二篇，六百三十八章，定著八篇，二百一十五章。”孙星衍《晏子音义》云：“《艺文志》儒家：‘《晏子》八篇。’盖内篇六：谏上、谏下，问上、问下，杂上、杂下；外篇二，俗本始删并为一也。”《孙卿书录》云：“除复重二百九十篇，定著三十二篇。”《列子书录》云：“内外书凡二十篇，以校，除复重十二篇，定著八篇。”《邓析书录》云：“凡中外书五篇，以校，除复重，为一篇。”《崇文总目》云：“《贾子》传本七十二篇，刘向删定为五十八篇。”《初学记》二十一引《别录》云：“所校雠中《易传淮南九师道训》，除复重，定著十二篇。”又云：“所校雠中《易传古五子书》，除复重，定著十八篇。”《混元圣纪》引《七略》曰：“凡中外书五篇，一百四十二章，除复重三篇，六十二章，定著八十一章。上经第一，三十七章；下经第二，四十四章。”董思靖《道德真经集解》引作“刘向定著二篇八十一篇，上经三十四章，下经四十七章”。

三曰正讹：

《战国策书录》云：“本字多脱误为半字，以赵为肖，以齐为立，如此者多。”《晏子叙录》云：“中书以夭为芳，又为备，先为牛，章为长，如此类多者。谨颇略椾，皆已定。”《列子书录》云：“或字误，以尽为进，以贤为形，如此者众。及在新书有栈，校雠从中书。已定。”《北堂书钞》一百一、《御览》六百八十引《别录》云：“古文或误以见为典，以陶为阴，如此类多。”《苏魏公集·校上淮南子序》云：“卷内或有假借用字，以周为舟，以楯为循，以而为如，以恬为惔，如此非一。”黄伯思《东观余论》卷下《校定焦赣易林序》云：“臣黄某所校雠中焦延寿《易林》，定著十六篇。篇中或字误以快为决，以羊为年，如此者众，校雠已定。又若喜或为嘉，鹳或为鹊，义可两存，皆并著，可缮写。”是皆子政旧式也。

四曰补脱：

《汉书·艺文志》云："刘向以中古文《易经》校施、孟、梁丘经，或脱去'无咎悔亡'，唯费氏经与古文同。"又云："刘向以中古文校欧阳、大小夏侯三家经文，《酒诰》脱简一，《召诰》脱简二。率简二十五字者，脱亦二十五字，简二十二字者，脱亦二十二字，文字异者七百有余，脱字数十。"刘歆《移书让太常博士》云："经或脱简，传或闲篇。"

五曰异文：

《墨子书》如《尚贤》、《尚同》、《兼爱》、《非攻》、《节用》、《节葬》、《天志》、《明鬼》、《非乐》、《非命》，皆分为上、中、下三篇，其中每有词旨重复者。俞荫甫谓墨分为三，三墨所传各异。说见《墨子间诂序》。其说近是。《非儒》止上、下篇者，其一家无此篇也，经与经说不在此例。子政校书，每去重复，而于《墨子》异本则并录之者，所以存异文也。《晏子叙录》云："义有复重，文辞颇异，不敢遗失，复列以为一篇。"即其例也。即《外篇》第八。《韩非子·内外储说》诸篇，多有"一曰"之文，咸事同而词略异。《管子·法法》篇有"一曰"，《大匡》篇称"或曰"。尹氏《法法》篇注云："管氏称古言，故曰'一曰'。"此妄说也。《大匡》篇注云："集书者更闻异说，故言'或曰'。"说近是。斯皆子政校书时存诸本之异同耳。《山海经》子骏所校，其中海外四经、海内四经，特著臣望、臣龚、臣秀三人题识者，咸多"一曰"之文，又其明据矣。如《海外南经》上条"结匈国"云云，下条"南山在其东南"云云，一曰"南山在结匈东南"，文同词异，其为校语甚明。郝氏《笺疏》谓经内凡"一曰"云云者，后人校此经时附著所见，或别本不同。案郝说是也。以经后题识观之，则校者即歆等耳。

六曰别义：

《易》："箕子之明夷。"《释文》引刘向曰："今《易》'箕子'作'荄滋'。"荄滋说见《汉书·儒林传》。《史记·荀卿传》："炙毂过髡。"《集解》云："《别录》曰：'过字作輠。輠者，车之盛膏器也。案，"过"下脱一字，或以"曰"字为衍，非。炙之虽尽，犹有余流者。言淳于髡智不尽，如炙輠也。'"以上皆裴引《别录》语，下引左思《齐都赋》注："言其多智难尽，如脂膏过之有润泽也。"则从过字为说，此又一义也。《索隐》："刘氏云：'毂，衍字也。'今按，文称'炙毂过'，过则是器名，音如字，谓盛脂之器名过，与锅字相近，盖即指器也。毂即车毂，过为润毂之物，则'毂'非衍字，明矣。"〇案，輠所以盛膏，有似于鬲，故以融名之，锅即融之俗字。《说文》融读若过，故《史记》直用"过"字。皆子政之存别义也。

七曰编次：

《战国策书录》云："臣向因国别者略以时次之，分别不以叙者以相补。"《晏子叙录》云："外书无有三十六章，中书无有七十一章，中外皆有以相定。"案子政参定众本，重为部勒，虽易旧次，要归至当。若宋人之改易《洪范》，分析《大学》经传，变易《周礼》，以补《冬官》，是则以私智小慧，变乱旧章，言校雠者所宜深戒也。

八曰定名：

《战国策书录》云："中书本号或曰《国策》，或曰《国事》，或曰《短长》，或曰《事语》，或曰《长书》，或曰《修书》。臣向以为战国游士辅所用之国为之策谋，宜为《战国策》。"是《战国策》之为书，诸本参差，名称各异，向乃定从今名也。或谓《管晏传》称《晏子春秋》，《汉志》但称《晏子》。淮南书本号

《鸿烈》,《汉志》但称《淮南》。《蒯通》五篇,本传云号《隽永》,而《汉志》但称《蒯子》。皆向所定名。余谓向所见众本标题各异,向乃定以一名,犹《战国策》之沿用《国策》旧名也。《鸿烈》之名,见于《要略》,与《汉志》称《淮南》内、外者不同。然本传已云:"初安入朝,献所作内篇。"又云:"作为内书二十一篇,外书甚众,又有中书八卷。"则内篇亦《淮南》本名,非子政别立新名也。《晏子》、《蒯子》之书,盖亦同此。《史记·管晏传》称《晏子春秋》,而《正义》引《七略》云:"《晏子春秋》七篇,在儒家。"似《七略》与《汉志》称名不同。然《正义》又引《七略》云:"《管子》十八篇,在法家。"今《汉志》列道家,尤为牴牾,盖《正义》所引,或为《七志》、《七录》之属,传写误为《七略》耳。故不取以为向、歆仍名《晏子春秋》之证。孙诒让曰:"《荀子》旧本题《荀卿新书》,《列子释文》亦载旧题云《列子新书目录》,刘向上《管子》,奏称《管子新书目录》。新书者,盖刘向奏书时所题,凡未校者为故书,已校定可缮写者为新书。"说详《札迻》"贾子新书"条下。《说苑叙录》云:"更以造新事十万言。""新事"亦"新书"之误。亦见《札迻》。刘向时众本猥杂,称名既乖,多寡复异。向为之整齐画一,使为定本,有所改题,自无不可。今若沿用旧本,而妄立新名,若世俗所传《诸子汇函》之为,必为通人笑矣。近人所著《刘向校雠学纂微》列二十三目,言多旁涉,不尽有关雠校。今参验子政诸书叙录,及旧辑《录》、《略》,撮其指要,括以八目,至《纂微》之作,疏漏弘多,此不暇及也。

规模既远,衣被无穷。春秋以来,六艺折衷于夫子;西京以降,群书删定于子政。盖异世同符矣。章太炎《订孔》上云:"仲尼良史也,辅以丘明,而次《春秋》,料比百家,若旋机玉斗矣。谈、迁嗣之,后有《七略》。孔子殁,名实足以抗者,汉之刘歆。"或骇其言。夫以德行道术为衡,所诣尚不足语于颜、闵,莽之国师,更无论矣。然尧号则天,舜称尽善,而夫子贤于尧、舜者,岂独以其行哉?亦由删定赞修之业,足开来世耳。执是以为度,则向、歆之上比尼父,又何疑焉!特校雠之规,备于子政,国师因仍父业,事非独创,舍子政而颂刘歆,非其理也。

附录　章炳麟《征七略》:

《艺文志》称:成帝时,求遗书于天下。诏刘向校经传、诸子、诗赋,任宏校兵书,尹咸校数术,李柱国校方技。每一书已,向辄条其篇目,撮其指意,录而奏之。会向卒,哀帝复使歆卒父业。歆于是总群书而奏其《七略》。此则《别录》先成,《七略》后述之明文也。然歆传言:河平中,受诏与父向领校秘书,其后卒业。则《山海经》之录,亦署"臣秀"。向时虽未著《七略》,其与任宏、尹咸、李柱国分职校书,业有萌芽。故《隋志》已称《七略别录》。《隋·经籍志》"史部"簿录篇,有《七略别录》二十卷,署刘向撰;又有《七略》七卷,署刘歆撰。此非二书,盖除去叙录奏上之文,即专称《七略》耳。固知世业联事,侪于《公羊》五世之传,谈、迁,彪、固二世之史。举一事以征作者,孰因孰革,无以质言矣。

略者,封畛之正名。《传》曰:"天子经略。"所以标别群书之际,其名实砉然。《御览》引刘氏书,或云刘向《别传》,或云《七略别传》。今观诸子叙录,皆撮举爵里事状,其体与《老韩》、《荀孟》、《儒林》诸传相类。盖淮南王安为《离骚传》,大史公尝举其文以传屈原,在古有征。班孟坚《离骚序》引淮南《离骚传》文，与《屈原列传》正同，知斯传非大史自纂也。而挽近为“学案”者，往往效之，兼得“传”称，有以也。

其书领录群籍，鸿细毕备，推迹俞脉，上傅六典；异种以明，班次重见，以著官联天府之守，生生之具，出入以度，百世而不惑矣。

独萧何之《九章》，见《刑法志》。叔孙通之礼器制度，王官所守，布在九区，及秦氏图籍，高祖以知地形阨塞、户口多少强弱者，皆阙不著。《律历志》所述和声、审度、嘉量、权衡，职之大乐、内官、大仓、大行者，今在历谱十八家以否，无文可知。及夫大尊桂酒，征于元帝时大宰丞李元之记。见《礼乐志》晋灼注引。此则官宿其业，业举其簿。今于刘《略》，亦俄空焉。盖其大者，国之典章，刊剟一字，罪至殊死，固不待校。其细者，笾豆之事，佐史之职，官别为书，与周时赞大行相似，藂亦瓿也，亦不暇校雠缮写，是以不著于录也。

然自班氏为十志，多本子骏，其法式具在。及隋，遂有旧事、仪注、刑法、地理诸目，皆自子骏启之。郑君有言：“教者开发头角而弗洞达，则受之者其思深。”非子骏，孰与知此乎？

始班氏为《艺文志》，删要备篇。南宋至今，奏录既不可睹，而佚者往往见于佗书。历城马国翰综辑其文，繁省不斠，时有夺漏。

余旧乐史官秘文之学，窃省《春秋》，孙卿以为“乱术”。《解蔽》篇。注：“乱，杂也。”《法言》亦云：“左氏品藻”。《重黎》。众庶曰品，《说文》。杂采曰藻。《玉藻》注。刘氏比辑百家，方物斯志，其善制割綦文理之史也。亦以余暇，虑缀佚文，用父子同业，不可割异，故仍题《七略别录》。佗书或引向，或引歆，或引

《七略别录》，或引刘向《七略》，或引刘歆《别录》，既糅杂不可分析，亦不更施标识。凡《艺文志》所录书目及其子注，非班氏省出新人，其辞皆刘氏旧文，与《管》、《晏》、《列》、《荀》、《山海经》、《说苑》诸书叙录具在者，虽佗书征引，皆不疏录。独取韦昭、颜籀所引，与佚文当举书目以起本者，始一二迻书之。自省嵬琐，多有阙略，过而存之，窃比于我五原大守。所辑如别。〇案，子政所上诸书之叙录，或称书录（《孙卿书》及《战国策》），或称叙奏（《论衡·变虚》篇引《子韦书录叙奏》，今本"奏"讹"秦"），或称目录（《文选·反招隐诗》注引《列子目录》曰："至于《力命》篇，一推分命。"即子政叙文。郑召《尚书大传叙》云："刘子政校书奏此目录。"）其文皆宜在《别录》中。《艺文志》注引《别录》云"臣向谨与长社尉参校中秘书"，其文在今之《晏子叙录》；《史记·管晏传》集解引《别录》云"九府书民间无有，山高一名形势"，其文在今之《管子叙录》，其明证也。诸书引《别录》或云刘向《别传》，盖称引之误（《太平御览》六百九引刘向《别传》，载"校雠《淮南九师道训》"语，《初学记》二十一即作《别录》）。今所存子政诸叙录，咸述作者行实，佗书所征引《别录》之文，有似于传者，皆此类也。淮南王所作《离骚传》，班孟坚引之，谓其说五子失家巷为伍子胥，及至羿浇少康二姚有娀佚女，皆各以所识，有所增损，其为顺解《离骚》之文无疑。颜监以为若《毛诗传》，斯言得之（王怀祖谓《汉书》"传"为"傅"之误，说甚迂曲。《淮南》高诱注、《文心雕龙·神思》篇所言作赋事，与此无涉）。章氏引以为比，非也。《隋志》、两《唐志》皆云：《七略别录》，刘向撰。（又有《七略》七卷，称刘歆撰；盖从全书录出，故《汉志》改题耳。）盖合为一书，则以父统子；分编题署，则仍列本名。方之近世，如伯申补石臞之《疏证》，叔俛续楚桢之《正义》，全书必署其父，附著乃标其子，无所疑焉。（《广雅疏证》第十卷题引之述，《论语正义》刘恭冕补阙卷，其后序乃言之，他若《仪礼正义》，则其弟子杨大堉补之，《毛诗后笺》，则其友陈奂补之，虽与父子相续者殊科，而全书题署，仍为本名，其补卷乃别白言之耳。若江藩、李林松之补《周易述》，又王、韩注《易》之例，不与此同也。）向、歆父子之书称名相贸者，如《新序》，子政所作也，而小司马以为刘歆，（《史记·商君传》集解引《新序论》，索隐云：《新序》是刘歆所撰。）《列女传》，亦子政所作也，而《隋志》以颂义为刘歆，（《玉烛宝典》引《列女传》皆题刘歆，则隋唐人所见本如此。）不独《录》、《略》而已。且《汉志》之因于《七略》，具有明征。其云"名家者流，出于礼官"云者，小颜、小司马皆以为《别录》之文（《史记·自叙》索隐、《汉书·司马迁传》注）。荀仲豫《汉纪》引其文，亦称刘向，则《七略》中叙述原流，著于《汉志》者，皆子政语也。故昔人引《七略别录》，不加别白。李善引《七略》云："齐有稷城门，齐谈说之士期会于稷下。"（《文选·与杨德祖书》注）裴骃（《史记·田完世家》集解）、郦道元（《水经·淄水注》）皆以为出刘向《别录》。孔颖达引《别录》云："武帝末民有得《泰誓》书于壁内者，献之，与博士，使赞说之。数月，皆起传以教人。"（伪孔序疏）裴骃引刘向《别录》云："驺衍之所言五德终始天地广大，书言天事，故曰谈天。驺奭脩衍之文饰，若雕镂龙文，故曰雕龙。"（《史记·孟荀传》集解）而李善又皆以为出《七略》（《文选·移书让太常博士》注及《宣德皇后令》注）。盖《录》、《略》之界，其泯久矣。洪颐煊、严可均所辑《录》、《略》，皆分属向、歆，各自为编，致多牴牾；马国翰合之，是也。而诸书所引，称名互异者，又未能剖析言之，且三人者，其疏漏相似也。章君所辑，或未成书，拾遗补阙，不能无望于后之君子。

宗郑第三

高密郑君，生东汉之季。资惟天纵，学无常师。遍注群经，旁及秘纬。极深掔几，蔚为圣译。游、夏以来，盖未有匹也。所著群书，佚亡过半；《诗笺》、《礼注》，独有全帙。其中勘旧本之是非，纠写官之讹误，盖亦多矣。金坛段氏谓汉人作注，发疑正读，其例有三：一曰读如、读若；二曰读为、读曰；三曰当为。读如、读若者，拟其音也；读为、读曰者，易其字也；当为者，定为字之误、声之误，而改其字也。以上《周礼汉读考序》语。夫拟其音者，所以正其读；易其字者，所以会其通。斯二者义归故训之科，无与校雠之事。独所谓改字者，辨正形体，剖析豪芒，今之所资，惟在于是。略举一隅，以示表畷。本书具在，固无取乎觍缕也。

子政校书，必聚众本，郑君亦然。其于《周礼》，有故书、有今书、有礼家改读。而故书、今书，又复各有异本。"箈菹雁醢"《醢人》职文。注："故书'雁'或为'鹑'。"是故书非一本也。"巡其前后之屯"《乡师》职文。注："'屯'或为'臀'，今书多为'屯'。"是今书非一本也。"六曰廉辨"《小宰》职文。注："杜子春云：'廉辨或为廉端。'"是杜子春所据有异本也。"共珠槃玉敦"《玉府》职文。注："故书'珠'为'夷'，郑司农云：'夷槃或为珠槃。'"是郑司农所据有异本也。"财用之币赍"

《外府》职文。注："郑司农云：'赍'或为'资'，今礼家定'赍'作'资'。"是诸礼家据异本而参定之也。郑君衡量诸本，采其从违。有三占从二者，"听政役以比居"《小宰》职文。注："'政'谓'赋'也。凡其字或作正，或作征，以多言，宜从征。"是也。有从杜子春者，"宾客之禽献"《庖人》职文。注："献，古文为兽，杜子春云：'当为献。'"郑君即改经文为献。"设梐枑再重"《掌舍》职文。注："故书枑为柜，杜子春读为'梐枑'。"郑君即改经文为梐枑之类是也。有从郑司农者，"酒正奉之"《酒正》职文。注："故书酒正无'酒'字，郑司农云：'正奉之，酒正奉之也。'"郑君即于经文增酒字。"受其币使入于职币"《司书》职文。注："故书受为授，郑司农云：'授当为受。'"郑君即改经文为受之类是也。有于诸家校字择善而从者，"听称责以傅别"，《小宰》职文。注："故书'傅别'作'傅辨'，郑大夫谓为'符别'，杜子春读为'傅别'。"郑君于"傅"从故书，于"别"从少赣，而以子春为断，是也。故书、今书有误，而前人之说可循者，则直改经文以从之。其自为校说，则经文仍依旧本，而存其说于注。是故同一"受"误为"授"，于《司书》之"受其币"，见上。《大司徒》之"使之相受"，注："故书受为授，杜子春云：'当为受。'"以有杜、郑之说，则改之。于《典妇功》"凡授嫔妇功"，注："授当为受，声之误也。"以无旧说，则不改，斯其慎也。且郑君非好为改字也。前人之说，苟非浃理厌心，决不轻从更易。杜子春于《小宰》易"宫"为"官"，"小宰之职，掌建邦之宫刑，以治王宫之政令，凡宫之纠禁。"注："杜子春云：'宫当为官。'玄谓宫刑在王宫中者。"于《大司徒》易"赒"为"纠"。"五党为州，使之相赒。"杜子春云："'赒'当为'纠'，谓纠其恶。"玄谓赒者，谓礼物不备相给足也。如斯之类，郑所不从。苟于前人破字，无所抉择，变乱古书，其过至巨。若今人所为《淮南集证》者，盖无足与于校雠之役矣。

《仪礼》有古文，有今文，有或本。郑君从古文则出今文于注中，从今文则出古文于注中。如“爵弁服纁裳”，注：“今文‘纁’皆作‘熏’。”是古文作“纁”，而郑君从之也。“席于门中阑西阈外”，注：“古文‘阑’为‘槷’，‘阈’为‘蹙’。”是今文作“阑”作“阈”，而郑君从之也。又有一句之中，兼从今古文者。“设扃鼏”，注：“今文‘扃’为‘铉’，古文‘鼏’为‘密’。”是郑君于“扃”从古文，于“鼏”从今文也。复有参定众本者。“章甫殷道也”，注：“‘甫’，或为‘父’，今文为‘斧’。”是有甫、父、斧三本，而郑君定从作“甫”之本也。上列四事，并《士冠礼》文。又《士相见礼》“若父则游目”注：“今文‘父’为‘甫’。”则此“父”为古文，“甫”为或本。

《礼记》传于汉师，本亦各异。郑君作注，兼存异文。如“宦学事师”注：“‘学’或为‘御’。”“席间函丈”注：“‘丈’或为‘杖’。”皆《曲礼》。是所据有二本也。“衽每束一”注：“衽，今小要。‘衽’或作‘漆’，或作‘髹’。”《檀弓》。“孚尹旁达”注：“‘孚’或作‘姇’，或为‘扶’。”《聘义》。是所据有三本也。“猩猩能言，不离禽兽”《曲礼》。《释文》云：“卢本作‘走兽’。”子幹郑君所师，又同事扶风，《记注》之成，实共商榷。见《诗·燕燕》疏引郑《志》。子幹之本，宁容不见，以是推之，则郑君亦有所刊落矣。《释文叙录》、《曲礼》篇题疏皆云，郑依马、卢之本为注。《檀弓》：“子显以致命于穆公。”注引卢氏说“‘显’当作‘韅’”。

郑君之校三《礼》也，有以纪载之实数核之者，如《校人》

之“八丽”、《职方》之“七伯”，是也：

《周礼·夏官·校人》职云：“凡颁良马而养乘之。乘马一师四圉。三乘为皁，皁一趣马。三皁为系，系一驭夫。六系为厩，厩一仆夫。六厩成校，校有左右。驽马三良马之数，丽马一圉。八丽一师，八师一趣马，八趣马一驭夫。”注云：“自乘至厩，其数二百一十六匹；校有左右，则良马一种者四百三十二匹；五种合二千一百六十匹；驽马三之，则为千二百九十六匹。五良一驽，凡三千四百五十六匹，然后王马大备。驽马自圉至驭夫，凡马千二十四匹，与三良之数不相应，‘八’宜为‘六’字之误也。师十二匹，趣马七十二匹，则驭夫四百三十二匹矣，然后三之。”

又《职方氏》：“方三百里则七伯。”注云：“方千里者为方百里者百，以方三百里之积，以九约之，得十一有奇，云七伯者，字之误也。”

有以本文之上下推之者，如《职方》之青州二女、《王制》之小国二卿，是也：

《职方氏》：“东南曰扬州，其民二男五女。正南曰荆州，其民二男三女。正东曰青州，其民二男二女。注云：“二男二女，数等，似误也。盖当与兖州同，二男三女。”河东曰兖州，其民二男三女。正西曰雍州，其民三男二女。东北曰幽州，其民一男三女。河内曰冀州，其民五男三女。正北曰并州，其民二男三女。”节录。

《礼记·王制》：“大国三卿，皆命于天子。次国三卿，二卿命于天子，一卿命于其君。小国二卿，皆命于其君。”注云：“小国亦三卿，一卿命于天子，二卿命于其君。此文似说脱耳，或者欲见畿内之国二卿与？”○节录。

有以文章之节次勘之者，如《聘礼》之朝服、《乐记》之商声，是也。

《仪礼·聘礼》记“各以其爵朝服”，注云：“此句似非其次，宜在‘凡致礼’下，脱烂在此。”又“大夫不敢辞君初为之辞矣”，注云：“此句亦非其次，宜在‘明日问大夫’之下。”“曰：‘子以君命在寡君，寡君拜君命之辱。’”“君以社稷故，寡小君拜。”“君贶寡君，延及二三老，拜。”“又拜送。”注云：“自‘拜聘享’至此，亦非其次，宜承上‘君馆’之下。”

《礼记·乐记》：爱者宜歌商，温良而能断者宜歌齐。下略。故商者，五帝之遗声也。宽而静，柔而正者，宜歌《颂》；广大而静，疏达而信者，宜歌《大雅》；恭俭而好礼者，宜歌《小雅》；正直而静，廉而谦者，宜歌《风》。肆直而慈爱，注云：“此文换简失其次，‘宽而静’宜在上，‘爱者宜歌商’宜承此下行，读云：‘肆直而慈爱者宜歌商。’”商之遗声也，商人识之，故谓之商。齐者，三代之遗声也，齐人识之，故谓之齐。注云：“商之遗声也，衍字也，又误，上所云‘故商者五帝之遗声也’当居此衍字处也。”

有以本书正本书者，如《腊人》之“豆脯荐脯”，“庶孙之中殇下殇”，是也：

《周礼·天官·腊人》：“凡祭祀共豆脯荐脯。”注云：“脯非豆实，豆当为羞，声之误也。”〇贾疏云：“知脯非豆实者，案《笾人》职有栗脯，则脯是笾实，故云脯非豆实也。知豆当为羞者，案《笾人》职云：‘凡祭祀共其笾荐羞之实。’郑云：‘未饮未食曰荐，已饮已食曰羞，羞荐相对。’下既言荐脯，明上当言羞脯也。”

《仪礼·丧服》“缌麻三月”章“庶孙之中殇”。注云：“庶孙者，成人大功，其殇中从上，此当为下殇，言中殇者，字之误耳。”

有以他书正本书者，如《职方》之“其浸颍湛，其浸波溠”，是也：

《周礼·职方氏》："正南曰荆州，其浸颍湛。"注云："颍出阳城，宜属豫州，在此非也。"○贾疏云："郑据《地理志》，故知合在豫州。又昭元年，王使刘定公劳赵孟于颍，亦在豫州。"

又云："河南曰豫州，其浸波溠。"注云："《春秋传》曰：楚子除道梁溠营军临随，则溠宜属荆州，在此非也。"

后世校雠之规，略具于此矣。

《诗》有四家之传，毛为古文，与三家多异。郑君注《礼》，时征别本，而笺《诗》则于三家顾略焉，盖欲成毛氏之家言，立古文之门户，不敢淆杂异字，渎乱本经。而学既博通，耻为党伐，传文简质，事资补缀，苟非大体绝异，则取三家之所长，详毛氏之所略，亦容有不得已者欤？昔许君造《说文》，称《诗》用毛氏；而引《诗》说字，多取三家。永、羕兼存，汜、 并列，斯其例也。字书经注，体固有殊；择善而从，理无二致。其不言改字，而阴用三家者，如《关雎》之"君子好逑"，易"逑"为"仇"；《汉书·匡衡传》引《诗》曰："君子好仇。"则《齐诗》作"仇"矣。《释诂》郭注引《诗》曰："君子好仇。"则《鲁诗》作"仇"矣。《北风》之"其虚其邪"，读"邪"如徐，曹大家《幽通赋》注引《诗》曰"其虚其徐"，《齐诗》也。之类是也。其明言当作，实据三家者，如《吉日》之"其祁孔有"，"祁"当作"麎"；樊光注《尔雅》引《诗》作"麎"，盖三家本也。《泮水》之"狄彼东南"，"狄"当作"剔"，《释文》引《韩诗》云："鬄，鬄除也。""剔"即"鬄"之俗，此用《韩》改《毛》也。之类是也。《扬之水》"彼其之子"，《笺》云："'其'或作'记'，或作'己'。"非《毛诗》之别本，亦三家之异文耳。《晋语》作"彼己之子"，《表记》引《候人》作"彼记之子"。郑君于《大叔于田》云：

"'忌'读如'彼己之子'之'己'。"于《崧高》云:"'迈'读如'彼记之子'之'记'。"案《韩诗外传》引《诗》作"己",则作"记"亦三家《诗》也。郑于《周礼》,标故书、今书之别,于《仪礼》明古文、今文之异,而于《诗》之三家,独隐约其词者,所以尊毛氏,扶微学,又不当以寻常校雠例之也。

评杜第四（阙）

明颜第五

仲尼既没，微言圯绝；先儒传经，派流各异。《春秋》分为五，《诗》分为四，《易》有数家之传。刘向以中古文校施、孟、梁丘之《易》，欧阳、夏侯之《书》，脱文误简，所在多有。约《汉志》文。《诗》四家文字乖异，章句参差，则有如《都人士》之首章，毛氏存而三家亡；见《礼记·缁衣》注。《周颂·般》之“於绎思”，毛氏无而三家有。《释文》：毛无此句，齐、鲁、韩诗有之。今《毛诗》有者，衍文也。崔集注本有，是采三家之本，崔因有，故解之。疏曰：此篇末俗本有“於绎思”三字，误也。欧阳修谓三家无《豳风·七月》，刘安世谓《雨无正》篇首《韩诗》多二句，皆不足信。《文选·齐故安陆昭王碑文》注引《韩诗》：“万人颙颙，仰天告愬。”乃释《卷阿》“颙颙卬卬”句之文，而王伯厚《诗考》以为经语，系于《节南山》之下，亦非也。以至《逸礼》多三十九篇，刘歆《移书让太常博士》、《汉书·艺文志》。齐《论》多《问玉》、《知道》二篇；古《论》有两《子张》，《汉志》、何晏《集解序》。古《孝经》多《闺门》一章。《汉志》：《孝经》古文二十二章。师古曰：“刘向云：古文字也。《庶人》章分为二，《敢问》章分为三，又多一章。”案王劭得古文《孝经》，多《闺门》一章，刘炫据其本以作义疏，见《隋志》及元疏。后人多疑王、刘伪作。《春秋》三家，经文多异，《公》、《穀》记孔子生，而《左氏》续经至孔丘卒，其乖牾甚矣。昔人传经，家法是尚。杜元凯讥诸家肤引《公》、《穀》，适足自乱；《左传序》。何劭公恨先师观听不决，多随二创。《公羊解诂序》。孔冲远亦谓刘炫习杜义而规杜氏，如生木之蠹，还食其木。《左传正义序》。则欲其勘经本之异，通彼是之邮。昔之经儒，所不受也。惟郑君校《礼》，择善而从，具如上述。外此则张侯之定《论语》，见《汉书》本传，又何晏《集解序》云：张禹本受鲁《论》，兼讲齐说，善者从之，号曰《张侯论》。刘陶之正《尚书》，《后汉书·刘陶传》："推三家《尚书》及古文，是正文字，三百余事，名曰《中文尚书》。"贾逵述《春秋》之训诂，《隋志》载贾逵三家经本十二卷，侯康《补后汉书艺文志》云：《公羊·庄十二年》："宋万弑其君接。"疏引贾氏云：《公羊》、《穀梁》曰接。昭四年，"大雨雹"疏引《贾氏》云：《穀梁》作"大雨雪"云云，皆此书中语。撰《诗》、《书》之同异，《后汉书》本传云：肃宗诏令撰欧阳、大、小夏侯《尚书》古文同异，逵集为三卷，帝善之。复令撰齐、鲁、韩《诗》与毛氏异同。刘延世综三传为《调人》，《晋书·儒林传》：刘兆，字延世，著《春秋调人》七万余言，皆论其首尾，使大义无乖。时有不合者，举其长短以通之。又为《春秋左氏》解，名曰《全综》，《公羊》、《穀梁》解诂皆纳经传中，朱书以别之。《唐志》有兆《三传集解》。崔灵恩合四家为《集注》。《梁书·儒林传》云：灵恩集注《毛诗》十二卷。《释文叙录》云：灵恩《集注》采三家之本。郑君注《论》，亦就鲁《论》篇章，考之齐、古，何晏《集解序》、《释文叙录》。盖与专己守残者异矣。

自金行不竞，函夏崩裂，沧海横流，南北异学。精华枝叶，好尚各殊。见《北史·儒林传》抉序。颜黄门擢秀江南，移根河北；《家训》一编，时甄异本。则有若"杕杜"之为"狄杜"，上江南本，下河北本。"牡马"之为"牧马"，上江南本，下河北本。"施施"之为单"施"，上河北本，下江南本。"田肎"之为"田宵"，上河北本，下江南本。“禔福”之为“提福”，上河北本，下江南本。“虎穴”之为“虎六”，下江南本。莫不量其得失，定所从违。以上并见《书证》篇。若夫兴雨、兴云之句，证以《灵台》之诗；《书证》篇云：《诗》云：“有渰萋萋，兴云祁祁。”毛云：“渰，阴云皃。萋萋，云行皃。祁祁，徐皃也。”《笺》云：“古者，阴阳和、风雨时，其来祁祁然，不暴疾也。”案：渰已是阴云，何劳复云“兴云祁祁”耶？“云”当为“雨”，俗写误耳。班固《灵台》诗云：“三光宣精，五行布序，习习祥风，祁祁甘雨。”此其证也。青衿、青领之文，征诸孙、郭之注。又云：“也”是语已及助句之辞，文籍备有之矣。河北经传，悉略此字，其间字有不可得无者，至如“伯也执殳”，“于旅也语”，“回也屡空”，“风，风也，教也”，及《诗传》云：“不戢，戢也；不傩，傩也。”“不多，多也。”如斯之类，傥削此文，颇成废阙。《诗》言“青青子衿”，《传》曰：“青衿，青领也，学子之服。”按：古者斜领，下连于衿，故谓领为衿。孙炎、郭璞注《尔雅》，曹大家注《列女传》，并云：“衿，交领也。”邺下《诗》本，既无“也”字，群儒因谬说云：“青衿、青领，是衣两处之名，皆以青为饰。”用释“青青”二字，其失大矣！又有俗学，闻经传中时须也字，辄以意加之，每不得所，益成可笑。据萧该以正擐衣之误；又云：《礼·王制》云：“鸁股肱。”郑注云：“谓擐衣出臂胫。”今书皆作擐甲之擐。国子博士萧该云：“擐当作擐，音宣，擐是穿着之名，非出臂之义。”案《字林》，萧读是，徐爰音患，非也。引李巡以定寂木之非。又云：《诗》云：“黄鸟于飞，集于灌木。”《传》云：“灌木，丛木也。”此乃《尔雅》之文，故李巡注曰：“木丛生曰灌。”《尔雅》末章又云：“木族生为灌。”族亦丛聚也。所以江南《诗》古本皆为丛聚之丛，而古丛字似寂字，近世儒生，因改为寂，解云：“木之寂高长者。”案：众家《尔雅》及解《诗》，无言此者，唯周续之《毛诗注音》为组会反，刘昌宗《诗注音》为在公反，又祖会反，皆为穿凿，失《尔雅》训也。说妒媢则旁取于王充；又云：太史公论英布曰：“祸之兴自爱姬，生于妒媚，以至灭国。”又《汉书·外戚传》亦云：“成结宠妾妒媢之诛。”此二“媚”并当作“媢”，媢亦妒也，义见《礼记》、三《苍》。《五宗世家》亦云：“常山宪王后妒媢。”王充《论衡》云：“妒夫媢妇生，则忿怒斗讼。”益知媢是妒之别名。原英布之诛为意贲赫耳，不得言媚。言伎痒则遥资于潘岳。又云：应劭《风俗通》云：“《太史公记》：‘高渐离变名易姓，为人庸保，匿作于宋子，久之作苦，闻其家堂上有客击筑，伎痒，不能无出言。’”案伎痒者，怀其伎而腹痒也。是以潘岳《射雉赋》亦云：“徒心烦而伎痒。”今《史记》并作“徘徊”，或作“彷徨不能无出言”，是为俗传写误耳。虙羲异宓，有单父之石刻可寻；又云：张揖云：“虙，今伏羲氏也。”孟康《汉书》古文注亦云：“虙，今伏。”而皇甫谧云：“伏羲或谓之宓羲。”案诸经史纬候，遂无宓羲之号。虙字从虍，宓字从宀，下俱为必，末世传写，遂误以虙为宓，而《帝王世纪》因误更立名耳。何以验之？孔子弟子虙子贱为单父宰，即虙羲之后，俗字亦为宓，或复加山。今兖州永昌郡城，旧单父地也，东门有子贱碑，汉世所立，乃云：“济南伏生，即子贱之后。”是虙之与伏，古来通字，误以为宓，较可知矣。隗状非林，斯长安之铁权具在。又云：《史记·始皇本纪》：“二十八年，丞相隗林、丞相王绾等议于海上。”诸本皆作山林之“林”。开皇二年五月，长安民掘得秦时铁称权，旁有铜涂镌铭二所。其一所曰：“二十六年，皇帝尽并兼天下诸侯，黔首大安，立号为皇帝，乃诏丞相状绾灋度量鼎不壹歉疑者皆明壹之。”凡四十字。其一所曰：“元年，制诏丞相斯、去疾，灋度量，尽始皇帝为之，皆刻辞焉。今袭号而刻辞不称始皇帝，其于久远也，如后嗣为之者，不称成功盛德，刻此诏□左，使毋疑。”凡五十八字，一字磨灭，见有五十七字，了了分明。其书兼为古隶。余被敕写读之，与内史令李德林对见，此称权今在官库。其“丞相状”字，乃为状貌之“状”，爿旁作犬；则知俗作“隗林”非也，当为“隗状”耳。其取材之博，又校雠之良规也。

秘监继兴，传其家学。当文皇之世，厘定《五经》，预修正义。事具《唐书》本传及《艺文志》子注。○清儒多谓孔疏所引定本出于师古，刘文淇《左传旧疏考证序》云："汉魏以来，校定书籍者，正复不少，即如北齐郎茂于秘书省刊定载籍；隋萧该，开皇初与何妥正定经史；又《刘焯传》云：'焯与诸儒于秘书省考定群言。'是齐、隋之前，皆有定本。自注云：《诗·关雎序》：'故正得失。'疏云：'今定本皆作正字。'襄二十三年《传》：'申鲜虞之传挚为右。'疏云：'俗本多云申鲜虞之子，今定本皆无子字。'皆之云者，非一本之词也。"刘氏又立十验以明之，文繁不录。其所作《匡谬正俗》，虽未成之书，观其据古本以释零露之诗，卷一云：郑诗《野有蔓草》篇："零露漙兮。"《诗》古本有水旁作"專"字者，亦有单作"專"字者，后人辄改为之。"漙"字读为团圆之"团"，作辞赋篇什用之，递相因袭，曾无疑者。按吕氏《字林》，雨下作專，训云："露貌，音上兖反。"此字本作霷，或作漙耳，单作專者，古字从省。又上兖之音，与婉相类，益知吕氏之说可依，本非团义矣。据好本以解贾生之论，卷五云：贾谊《过秦》云："尝以十倍之地，百万之众，仰关而攻秦。秦人开关延敌，九国之师，逡遁而不敢进。"遁者，盖取盾之声，以为巡字，当音详遵反。此言九国地广兵强，相率西向，仰形胜之地，泝函谷之关，欲攻秦室。秦人恃其险固，无惧敌之心，不加距闭，开关而待，然九国畏懦，自度无功，持疑不进，坐致败散耳。后之学者，既不知"遁"为"巡"字，遂改为"遁逃"，因就释云：九国初见秦闭关，谓其可胜，所以率兵来攻，忽见秦人开关，各怀恐惧，遂即奔走。故潘安仁《西征赋》云："或开关而延敌，竞遁逃以奔窜。"斯为误矣。若见秦开关遁逃而走，即应大被追蹑，覆军杀将，岂得但言不敢进而已乎？且书本好者今犹为"逡遁"，不作"遁逃"也。○又云：扬雄叙甘泉宫云："游观屈奇瓌玮，非木摩而不雕，墙涂而不画。"此言既甚屈奇瓌玮，不合于上古之世摩而不雕、涂而不画、采椽茅茨俭约之制耳。今之书本好者犹然。而后人辄于"非"字下加"一"字,读云"瓌玮非一",竟不寻下句直云"木摩而不雕",是何言欤!案:张守节《史记正义》论字例亦云:"《史》、《汉》文字相承已久,有此古字,乃为好本。"援《齐书》以辨野王之谬,又云:萧子显《齐书》云:"太祖在淮修理城,得一锡趺,大数尺。趺下有篆文,莫能识者。纪僧真曰:'何须辨此文字,此自久远之物,九锡之征。'太祖曰:'卿勿妄言。'"而顾野王撰《符瑞图》,据子显《齐书》录此一条,锡趺谓"锡玦",亦具写子显书语,但易"趺"字为"玦"字,乃画作玦形。按此趺者,谓若篡簴之趺,今之钟鼓格下并有之耳。故其大数尺,而有篆文。安有论玦大小,直云数尺,为道广狭,为举粗细乎?又玦之体状若半环,以何为上,以何为下,而云下有篆字,此之疏谬,不近人情。野王之于子显,年载近接,非为辽复。且又趺之与玦,形用不同。若别据他书,容有异说,萧氏乖戾,则失不在顾矣,岂书本误乎?引宋集以明沈约之非。又云:熹,炽盛也,音与僖同,故后汉赵熹字伯阳,取此义耳。末世传字,误为喜字,读者不考,因呼为憙。宋高祖妇之兄弟臧熹昆季二人,名从火、喜,亦音僖,今人又谬为憙字,而读之为喜,皆失其意。沈约撰《宋书》,乃更为憙制字,以配欣喜之名,是穿凿也。余家所得宋高祖集作臧熹字,此明验也。仰福之字从衣,卷六云:"'副贰'之字,'副'字本为'褔',从衣畐声。今俗呼一袭为一褔衣,盖取其充备之意,非以覆蔽形体为名也。然而书史假借,遂以'副'字代之,'副'本音普力反,义训剖劈,字或作'疈'。《诗》云'不坼不副',《周礼》有'疈辜',并其正义也。后之学者不知有'褔'字,翻以'副贰'为正体、'副坼'为假借,读《诗》'不坼不副',乃以朱点发'副'字,已乖本音。又张平子《西京赋》云'仰褔帝居',《东京赋》云'顺时服而设褔',并为副贰,传写讹舛,'衣'转为'示',读者便呼为'福禄'之'福',失之远矣。"祈褫之旁非帝。卷七云:张衡《东京赋》云"祈褫禳灾",盖谓求福而除祸耳。案《说文解字》曰"褫,福也",《字林》音"弋尒反",字本作"禠",从"示"从"虒",音"斯"。从"虎"者故作"褫"耳。今之读者不识

“禠”字义训，乃呼为“神祇”之“祇”，云求神而却灾。或改“禠”字为“禘”，“禘”者，祭名，又失之也。凡厥匡正，咸有据依，斯固嗣响黄门，无惭家学者焉。其注班史也，稽撰群言，辨其同异；诸所征引，二十三家。《汉书叙例》所载有荀悦、服虔、应劭、伏俨、刘德、郑氏、李斐、李奇、邓展、文颖、张揖、苏林、张晏、如淳、孟康、项昭、韦昭、晋灼、刘宝、臣瓒、郭璞、蔡谟、崔浩。〇案《隋志》所载为班书音注者，自师古所引二十三家外，有刘显《汉书音》二卷，萧该《汉书音》十二卷，包恺等《汉书音》十二卷，陆澄《汉书音》一卷，章稜《汉书续训》三卷，姚察《汉书训纂》三十卷、《集解》一卷、《定汉书疑》二卷，项岱《汉书叙传》五卷，阙名《汉疏》四卷，刘孝标、陆澄、梁元帝各有《汉书志》百余卷，则梁有隋亡；《新唐志》又有诸葛亮《汉书音》 卷，此皆师古已前书，未见甄采者。至颜游秦之《汉书决疑》近出一家，而师古未尝有所称引，则前人已议其攘善矣。又案，《史通·正史》篇谓注《汉书》者二十五家。其叙例云：《汉书》旧文，多有古字，解说之后，屡经迁易。后人习读，以意刊改，传写既多，弥更浅俗。今则曲覈古本，归其真正。是其择本之严，雠校之勤，良足多矣。

申陆第六

与秘监并世者，有陆君元朗，侍讲承光，扬声太学。见《唐书》本传。撰《释文》于陈季，《释文序》："粤以癸卯之岁，承乏上庠。"丁小疋云："癸卯当陈后主至德元年，隋文开皇二年。"发骏辨于唐初。本传云："高祖已释奠，召博士徐文远、浮图慧乘、道士刘进喜各讲经，德明随方立义，遍析其要。帝大喜曰：'三人者诚辨，然德明一举辄蔽，可谓贤矣。'"〇案：《释文考证》谓元朗卒于高祖之初，非也。旧书《儒学传》谓贞观初拜国子博士，许周生已辨卢说之误。虽复朱游折角，戴凭夺席，无之过也。若其研精六籍，采摭九流，搜访异同，校之《苍》、《雅》。《释文序》。两本俱用，二理兼通，悉并出之，以明同异；其泾渭相乱，朱紫可分，亦悉书之，随加刊正；复有他经别本，词反义乖，抑又存之，示博异闻。《释文》条例。其所据之本，于《易》则有子夏等三十五家。子夏《易》传，孟喜章句，京房章句，费直章句，马融传，荀爽注，郑玄注，刘表章句，宋衷注，虞翻注，陆续述，董遇章句，王肃注，王弼注，姚信注，王廙注，张璠集解（二十二家），干宝注，黄颖注，蜀才注，尹涛注，费元珪注，荀爽九家集注，谢万、韩伯、袁悦之、桓玄、卞伯玉、荀柔之、徐爰、顾欢、明僧绍、刘瓛十家系词注，王肃、李轨、徐邈三家音，王肃重见，凡三十五家。于《书》则有孔安国等十一家。孔安国传，马融注，郑玄注，王肃注，谢沈注，李颙注，范宁集解，姜道盛集解，《尚书大传》，孔安国、郑玄、李轨、徐邈音,汉人不作音,后人所托,孔、郑重见,实十一家。于《诗》则有郑玄等十四家。《毛诗》郑玄笺,马融注,王肃注,谢沈注,江熙注,郑玄《诗谱》(徐整畅、太叔裘隐),孙毓《诗同异评》,陆玑《草木鸟兽虫鱼疏》,郑玄、徐邈、蔡氏、孔氏、阮侃、王肃、江惇、干宝、李轨九家音,郑三见,王重见,实十四家。于《周官》则有马融等四家。马融、郑玄、王肃、干宝注,凡四家。于《仪礼》则有郑玄等十一家。郑玄注,又马融、王肃、孔伦、陈铨、裴松之、雷次宗、蔡超、田俊之、刘道拔、周续之并注《丧服》,合郑注凡十一家。于《礼记》则有卢植等六家。卢植注、郑玄注、王肃注、孙炎注、业遵注、庾蔚之略解,凡六家。作《三礼》音者,复有郑玄等十五家。作《三礼》音者,有郑玄、王肃、李轨、刘昌宗等四家;作《周礼》、《礼记》音者,有徐邈一家;作《周礼》音者,有王晓一家;作《礼记》音者,有射慈、谢桢、孙毓、缪炳、曹耽、尹毅、蔡谟、范宣、徐爰等九家,共十五家,又郑、王俱重见。于《春秋左传》则有士燮等十二家。士燮注《春秋》经,贾逵解诂,服虔解谊,王肃注,董遇章句,杜预集解,孙毓注,杜预释例,服虔、高贵乡公、稽康、杜预、李轨、荀讷、徐邈七家音,杜三见,服重见,实十二家。于《公羊》则有何休等六家。何休注、王愆期注、高龙注,孔衍集解,李轨、江惇两家音,凡六家。于《穀梁》则有尹更始等九家。尹更始章句、唐固注、麋信注、孔衍集解、徐邈注、徐乾注、范宁集解、段肃注、胡讷集解,凡九家。于《孝经》则有孔安国等二十四家。孔安国、马融、郑众、郑玄、王肃、苏林、何晏、刘邵、韦昭、徐整、谢万、孙氏、杨泓、袁宏、虞磐佑、虞氏、殷仲文、车胤、荀昶、孔光、何承天、释慧琳、王玄载、明僧绍二十四家注,先儒无为音者。于《论语》则有郑玄等二十一家。郑玄注、王肃注、虞翻注、何晏集解、谯周注、卫瓘注、崔豹注、李充集注、孙绰集注、盈氏注、孟整注、梁觊注、袁乔注、尹毅注、江熙集解、张冯注、孔澄之注、虞遐注、王弼释疑、栾肇释疑、徐邈音,凡二十一家。于《老子》则河上公等二十八家。河上公章句、毋丘望之章句、严遵注、虞翻注、王弼注、钟会注，羊祜解释、范望注训、王尚述、程韶集解、邯郸氏注、常氏注、盈氏注、孟子注、巨生内解、袁真注、张嗣注、张凭注、孙登集注、蜀才注、释慧琳注、释慧严注、王玄载注、顾懽堂诰、阙名节解、刘遗民玄谱、想尔注、戴逵音，凡二十八家。于《庄子》则有崔撰等九家。崔撰注，向秀注，司马彪注，郭象注，李颐集解，孟氏注，王叔之义疏，李轨、徐邈二家音，凡九家。于《尔雅》则有犍为舍人等六家。犍为文学注、刘歆注、樊光注、李巡注、孙炎注、郭璞注，凡六家。其诸家音疏附著者不与焉。于《易》则有梁褚仲都、陈周弘正，并作《易》义；于《书》则费甝作义疏；于《诗》则崔灵恩集众解为《毛诗集注》，俗间又有徐爰《诗音》，吴兴沈重亦撰《诗音义》；于《三礼》作音人有戚衮作《周礼音》，沈重作《周礼》、《礼记》音，皇侃撰《礼记义疏》五十卷，又传《丧服义疏》；于《左传》则梁沈文阿撰《春秋义疏》，阙下袟，陈王元规续成之，元规又撰《春秋音》；于《孝经》、《论语》并有皇侃义疏；于《老子》有梁武帝父子及周弘正讲疏，北学有杜弼注；于《尔雅》有梁沈旋集注，陈施乾、谢峤、顾野王音。其为书也，语皆有据，言必称师。本传云："受学于周弘正。"其称师，如《易》王弼注《释文》云"今本或无注字，师说无者非"，"需，有孚，光亨，贞吉"，《释文》于"光"下曰"师读绝"句之类是。远考宋齐，《条例》云："《尚书》之字本为隶古，既是隶写古文，则不全为古字，今宋、齐旧本及徐、李等音所有古字，盖亦无几。"多征古本。《曲礼》："不同椸枷。"《释文》云："本又作架，古本无此字。""稷曰明粢"，《释文》云："一本作明梁，古本无此句。"（孔疏云："隋秘书监王劭勘晋、宋古本，皆无'稷曰明粢'一句。"立八疑十二证，以无此一句为是。）《左氏·僖十五年》传曰："上天降灾。"《释文》云："此凡四十二字，检古本皆无，寻杜注亦不得有，有是后人加也。"（孔疏云："定本亦无。"）成十六年"潘尫之党"，《释文》云："一本作潘尫之子党，案注云：'党，潘尫之子也。'则传文不得有'子'字,古本此及襄二十三年申鲜虞之傅挚,皆无'子'字。"(《正义》本与古本同,无子字。)此类甚众。**穷通对举,著《系辞》之羡文**;《易·系辞下》:"易穷则变,变则通,通则久。"《释文》云:"一本作'易穷则变,通则久。'"(《拜经日记》云:李氏集解《杂卦》引干宝注作"易穷则变,通则久",《长短经·是非》篇引《易》同,皆与陆氏所言合,可证晋、唐善本皆无"变则通"三字。案《正义》本已误。)**喜愠分陈,刊《檀弓》之累句**。《礼记·檀弓》:"人喜则斯陶,陶斯咏,咏斯犹,犹斯舞,舞斯愠,愠斯戚,戚斯叹,叹斯辟,辟斯踊矣。"《释文》于"愠斯戚"下云:"此喜愠哀乐相对,本或于此句上有'舞斯愠'一句。"并注:"皆衍文。"○《孔疏》云:"如郑此《礼》本云:舞斯愠者,凡有九句,首末各四,正明哀乐相对,中央舞斯愠一句,是哀乐相生,故一句之中,有舞及愠也;而郑诸本亦有无舞斯愠一句者,取义不同。而郑又一本云'舞斯蹈,蹈斯愠',益于一句,凡有十句,当是后人所加,亦不得对。而卢《礼》本又有舞斯愠之一句,而王《礼》本又长,云:'人喜则循,循斯陶。'既与卢、郑不同,亦当新足耳。"**《桑柔》稼穑,误改由于子雍**;《桑柔》:"好是稼穑,力民代食。"《释文》:"家,王申毛音'稼',谓耕稼也;郑作家,谓居家也。下句家穑为宝同。穑,本亦作啬,王申毛谓收穑也;郑云'吝啬也',寻郑家、啬二字,本皆无禾者,下'稼穑卒痒'始从禾。"○孔氏疏毛云:"又教王用人之法,当爱好是知稼穑艰难之人,有功于民者,使之代无功者食天禄。"疏郑云:"王既退贤者,使不及门,但好是居家吝啬及聚敛作力之人,令代贤者处位食禄。"案:《毛传》不释"家啬"之义,惟云力民代食,无功者食天禄也。王肃既读"家啬"为"稼穑",又于无功者增"代"字,非也。说见臧氏《经义杂记》、段氏《诗经小学》。**《江汉》附庸,谬加缘于《鲁颂》**。《江汉》:"锡山土田。"《释文》云:"或作'锡之山川,土田附庸',是因《鲁颂》之文妄加也。"○案:唐石经旁添"之"字、"川"字、"附庸"字。传云:"诸侯有大功德,赐之名山土田附庸。”疏云：“此经无附庸。传云：附庸者，以土田即是附庸。”定本、集注，《毛传》皆有“附庸”二字，此孔氏谓传之“附庸”二字定本、集注有，而他本无之也。**范宣士匄，以字推名**；襄三十一年《左传》：“寡君使丐请命。”《释文》：“丐，本又作匄，古害反，士文伯名也。今传本皆作此字，或作正字，《释例》亦然。解者云，士文伯是范氏之族，不应与范宣子同名，作正是也。案：士文伯字伯瑕，又春秋时人名字皆相配，楚令尹阳匄字子瑕，即与文伯名字正同；又郑有驷乞字子瑕，匄与乞义同，则作匄者是。又案：鲁有仲婴齐，是庄公之孙，又有公孙婴齐，是文公之孙，仲婴齐于公孙婴齐为从祖，同时同名。郑有公孙段，字子石，又云伯石，印段字子石，传又谓之二子石，然印段即公孙段从父兄弟之子，尚同名字，伯瑕与宣子，何废同乎！”○昭六年《传》：“士匄相士鞅。”《释文》：“今传本皆作士匄相士鞅，古本士匄或作‘王正’，董遇、王肃本同。学者皆以士匄是范宣子，即士鞅之父，不应取其父同姓名人以为介，今传本误也，依‘王正’为是。王元规云：‘古人质，口不言之耳，何妨为介也。’案：士文伯是士鞅之族，亦名匄，无妨今相范鞅即文伯也。然士文伯名古本或有作正者，解见前卷襄三十一年。”○案：孔氏襄三十一年《疏》云：“士匄，文伯名也。”晋、宋古本及《释例》皆作“丐”，俗本作“匄”，此士文伯是范氏之别族，不宜与范宣子同名，今定本作“匄”，恐非。昭六年《疏》云：“世族谱以王正为杂人，诸本及王肃、董遇注皆作‘王正’，俗本或误作士匄，此人不当与士鞅之父同姓名，而为之介也。”孔前说分匄、丐为二字已误，后又曲徇王正讹文，皆陆元朗所讥者。阮氏《校勘记》谓陆、孔皆以“王正”为是，何也？**郑阏、蔡申，因同见误**。庄十六年《传》：“郑伯治与于雍纠之乱者。九月，杀公子阏，刖强钼。”《释文》：“隐十一年郑有公孙阏，距此三十五年，不容复有公子阏，若非阏字误，则子当为孙。”○哀四年《经》：“盗杀蔡侯申。”《释文》：“今本皆如此。案，宣十七年蔡侯申卒，是文侯也，今昭侯是其玄孙，不容与高祖同名，未详何者误也。”○案：《孔疏》亦云：二申必有误者，俱是经文，未知孰误。又案：昭二十三《传》:“吴太子诸樊入郢。”《释文》云:“吴子遏号诸樊,王僚是遏之弟子,先儒又以为遏弟,何容僚子乃取遏号为名,恐传写误耳,未详。”孔疏亦云:“吴子诸樊,吴王僚之伯父也,僚子又名诸樊,乃与伯祖同名,吴人虽是东夷,理亦不应然也。此久远之书,又字经篆隶,或误耳。”又哀十年《传》:“吴延州来季子救陈。”杜注:“季子,吴王寿梦少子也。寿梦以襄十二年卒,至今七十七岁。寿梦卒,季子已能让国,年当十五六,至今盖九十余。”孔疏引孙毓云:“季子食邑于州来,世称‘延州来季子’,犹赵氏世称赵孟,知氏世称知伯。延州来季子,或是札之子与孙也。”予谓期颐将兵,事理所无,《释文》无说。以至跣扶形异,宣二年《传》:“遂扶以下。”《释文》:“旧本皆作扶,服虔注作跣,今杜注本往往有跣者。”○孔疏亦云:“服虔本扶作跣。”注云:“赵盾徒跣而下走。”痎疥义殊,昭二十年《传》:“齐侯疥,遂痁。”《释文》:“疥旧音戒,梁元帝音该,依字则当作痎。”《说文》云:“两日一发之疟也。痎音皆,后学之徒,佥以疥字为误。案传例,因事曰遂,若痎已是疟,何为复言遂痁乎?”○《颜氏家训·书证》篇云:“齐侯痎,遂痁。《说文》云:‘痎,二日一发之疟也。痁,有热疟也。’齐侯之病,本是间日一发,渐加重乎,故为诸侯忧也。今北方犹呼痎疟,音皆。而世间传本多以痎为疥,杜征南亦无解释,徐仙民音介,俗儒就为通云:‘病疥,令人恶寒,变而成疟。’此臆说也。疥癣小疾,何足可论,宁有患疥转作疟乎?”孔疏云:“后魏之世,尝使李绘聘梁。梁人袁狎与绘言及《春秋》,说此事云:‘疥当为痎。痎是小疟,痁是大疟,疹患积久,以小致大,非疥也。’狎之所言,梁王之说也。《说文》:‘疥,搔也;疟,热寒休作;痁,有热疟;痎,二日一发疟。’今人疟有二日一发,亦有频日发者,俗人仍呼二日一发久不差者为痎疟,则梁王之言,信而有征也。疥搔小患,与疟不类,何云疥遂痁乎?徐仙民音作介,是先儒旧说皆为疥遂痁,初疥后疟耳。今定本亦作疥。”○案:疥遂痁,病疥而又益之以疟也。间日一发之疟,恒较频日发者为重,不得以由痎而痁为加重也。陆云:旧音戒。孔云:徐仙民音作介,是先儒旧说皆为疥遂痁,无作痎者。《晏子春秋·谏上》篇云:“景公疥且疟。”《说文》“痁”下引《左传》亦作疥,皆可证。自梁元帝有此新说,而颜介、袁狎,遂为所惑,皆误也。王伯申《经义述闻》辨此甚详。鄔鄢音乖,昭二十八年《传》:“晋祁胜与鄔臧通室。”《释文》:“鄔,旧乌户反,又音偃。案地名在周者乌户反,隐十一年‘王取鄔留’是也;在郑者音偃,成十六年‘战于鄢陵’,是也;在楚者音於建反,又音偃,昭十三年‘王沿夏将入鄢’,是也;在晋者音於庶反。《字林》乙袪反。郭璞《三仓解诂》音瘀,於庶反。阚骃音厌饫之饫,重言之。太原有鄔县,唯周地者从烏,余皆从焉。《字林》亦作隖,音同。传云:分祁氏之田以为七县,司马弥牟为鄔大夫,即太原县也。鄔臧宜以邑为氏,音於庶反,旧音误。”〇陆氏心源云:鄔臧,各本皆作鄔,唐石经本亦作鄔,磨改作鄢,考《释文》云云,必有讹夺,盖烏户反当读上声,乙袪反、於庶当读去声,今音有敛侈之别,古音则相同也。若鄢字则古今字书从未有云於庶反者。陆氏通儒,断不瞶鄔至此,其云旧音误者,盖以烏户反乃周地之鄔,而非晋地之鄔,此烏户反之误。偃乃鄢之正音,鄔则古今字书从无音偃者,此音偃之误。谓鄔当读去声,非谓鄔当作鄢也。若陆氏本作鄢,则音偃为不误矣。或者曰:然则所云周地者从烏,余皆从鄢,《字林》作隖,音同者,作何解欤?曰:此所谓必有讹夺也。陆氏原文必云:惟周晋地从烏,余皆从焉,《字林》亦作隖,音同。其云《字林》亦作隖者,承上从乌言之也;云音同者,承上乙袪反言之也,作隖则不得有乙袪反矣。若陆氏所引本作隖,何不引于郑地楚地之鄢字下,而引于晋地之鄔字下乎?必不然矣。传写者讹隖为隖,又讹惟周晋地为惟周地者,而陆氏之说遂不可通。许氏《说文》云:“鄔,太原邑,从邑,烏声;鄢,南郡县,孝惠三年改名宜城,从邑、焉声。”是许君以鄔为晋地,而鄢为楚地也。《汉书·地理志》:“太原郡鄔。”师古曰:“音一户反,又於据反。”《续汉地理志》:“太原郡鄔。”刘昭注引徐广曰:“於庶反。”是颜氏有上、去二读,刘氏专读去声,皆不云字亦作鄢也。考之《释文》本书,证之班固、许君、司马彪之书,师古、刘昭之注,知晋地作鄔不作鄢明甚，而德明之不误，亦昭然可见矣。然则古无作鄢之本欤？曰：有。《释文》云："又音偃。"作鄢之本也。鄔鄢二字多互讹，俗本有讹作鄢者，而音亦随之耳，盖《释文》唐时已讹，石经据误本《释文》而改之，说者谓宜从《释文》作鄢，此瞽说也。○案：隐元年《经》："郑伯克段于鄢。"《释文》："鄢，於晚反，又於建反，又於然反。"成十六年《经》："战于鄢陵。"《释文》："谒晚反，又於建反。"此皆郑地之鄢也。而《史记·郑世家》："段出走鄢。"《正义》作鄔，音烏古反，云旧作鄢。赵匡《春秋集传辨疑》引啖助说，鄢当作鄔，郑地也。《左氏》曰：王取鄔留蒍邘之田于郑，是也。此合郑、周地为一也。昭二十七年："鄢将师为右领。"《释文》："鄢，於晚反，又烏户反。"亦二字易讹之例。《广韵》鄔字三收，"模"韵云"县名"。"姥"韵云："郡名，又姓，鄔郡太守司马牟之后。"（案陆氏《切韵》、王仁煦《切韵》，"於""姥"韵皆云："县名，在太原。"是《广韵》郡乃县之误。《左氏·昭二十八年》传："司马弥牟为鄔大夫。"是《广韵》鄔郡太守司马牟，乃鄔大夫司马弥牟之误。）"御"韵云："县名，在太原，又音坞。"此皆谓晋地之鄔，作鄔不作鄢也。鄢字亦三收，"仙"韵云："人姓。又鄢陵，县名。又於晚切，亦作傿。"（案：鄢姓即鄢将师之鄢，亦作傿者，《汉志》颍川郡傿陵如此作。）"阮"韵云："郑楚地名。《左传》曰：'晋侯郑伯战于鄢陵。'""願"韵云："地名，在楚。"此谓晋楚之地，及鄢将师之鄢，不作鄔也。其周地作鄔，《释文》不言有异，啖说亦妄。**淮坻韵合**。昭十二年《传》："有酒如淮，有肉如坻。"《释文》云："淮，旧如字。"学者皆以淮、坻之韵不切，淮当为潍。潍，齐地水名，下称渑亦齐国水也。案：渑是齐水，齐侯称之。荀吴既非齐人，不应远举潍水。古韵缓，作淮足得，无劳改也。○案：谓淮坻非韵，乃刘炫《规杜》语，《孔疏》亦辨之。淮潍皆佳声，同在段表十五部，陆谓无劳改，是也。**驂靳益有**，定九年《传》："吾从子如驂之靳。"《释文》云："或作如驂之有靳，非也。"○《经义述闻》云："作有靳者是也。陆本脱去有字，反以有有字者为非，误矣。杜注云：靳，车中马也。猛不敢与书争，言己从书，如驂马之随靳也。《正义》云:《说文》:靳,当膺也。则靳是当胸之皮也。骖马之首,当服马之胸,胸上有靳,故云我之从子,如骖马当服马之靳。若云如骖之靳,则文不成义矣。《秦风·小戎》释文:沈重引《左传》:如骖之有靳。《郑风·太叔于田》正义引此,亦作如骖之有靳。"○案:此自两本兼行,陆从无有字者,盖之有与义,如骖之靳,犹言如骖与靳,王氏《述闻》于《周礼》作其鳞之而、《礼记》措之于参保介之御间,皆训之为与,又著其说于《释词》,何于此而忘之耶?责礼沾无。僖二十七年《传》:"秋,入杞,责无礼也。"《释文》作"责礼也",云:"本或作责无礼者,非。"○案:注云:"责不恭也。"若本有无字,则注为赘说矣。汉水文增,僖四年《传》:"楚国方城以为城,汉水以为池。"《释文》作"汉以为池",云:"本或作'汉水以为池','水'衍字。"○《经义杂记》云:"方城者山名,汉者水名,汉不言水,犹方城不言山也。"《经义述闻》云:"臧说是也,他书所引多作汉水以为池,盖后人依已衍之传文加之也。《商颂·殷武》正义引服注云:'方城,山也;汉,水名。'若传文本作汉水,则服注为赘语矣。自唐石经依或本加水字,而各本皆沿其误。"夫差字衍。哀元年《传》:"子西曰:'夫先自败也已,安能败我?'"《释文》:"夫音扶,本或作夫差先自败者,非。"○案:《楚语》文略同,宋公序本无差字,明道本有差字,《说苑·权谋》篇亦有差字,夫犹彼也,文义甚明,故陆以有差字为非。会嬴之月,辨加王于春正之间;桓三年《经》:"春正月,公会齐侯于嬴。"《释文》:经三年正月,从此尽十七年,皆无王,唯十年有,二传以为义,或有王字,非。城郏之岁,审脱编于后年之首。襄二十六年《传》:"会于夷仪之岁,齐人城郏。"《释文》云:"此传本为后年修成,当续前卷二十五年之传后,简编烂脱,后人传写,因以在此耳。"○杜注于下文"成而不结"下云:传为后年修成起本,当继前年之末,而特跳此者,传写失之。孔疏云:丘明作传,使文势相接,为后年之事而年前发端者多矣。文十年《传》云"厥貉之会,麇子逃归",十一年云"楚子伐麇",宣十一年《传》云"厉之役,郑伯逃归",十二年而云"楚子围郑",皆传在前卷之末，豫为后卷之始。此为后年修成发其前成不结，其事与彼相类，不宜独载卷首，知其当继前年之末也，而特跳出在于此卷之首者，是传写失之也。〇案：《经义杂记》谓杜以为传写失之，语欠分晓，陆氏所言为是。而今本注疏皆系于二十五年之末，则陆与杜、孔所论，皆为无端。臧在东云："严久能贻我不全宋本《左传》三册，上册题襄五第十八，此传正在二十六年之首。"如斯之类，遽数难终，实经义之邓林，校雠之准的也。若其学自南方，不废北本，许周生记南北学云："陆元朗南方学者，《释文》不独创始于陈后主元年，其成书亦在未入隋以前，《叙录》中于王晓《周礼音注》云：'江南无此书，不详何人。'又于《论语》云：'北学有杜弼注，世颇行之。'其书中引北音，止一再见，北方大儒，如徐遵明诸人，皆不一引。"臧在东《拜经日记》云："《释文》所据音义，南学为多，间载北方学者之说，则称北以别之。如《天官·醢人》：'茆'下云'音卯，北人音柳'；'箈'下云'音怠，当来反。沈云：北人音秃改反'。《宗伯·瞽矇》'怵惧'下云：'敕律反，北本作休。'《考工·玉人》'鹿车绊'下云：'刘府结反，沈音毕，云：刘音非也。'案：北俗今犹有此语，音如刘音，盖古语乎？"综许、臧之论，虽不慊于陆氏之详南略北，而元朗具草之时，限于方域，王晓、杜弼之书，盖由辗转得之，犹著于录。《周官释文》明征此本，固未尝有党伐之见也。其不取徐遵明诸人说，则入北之时，《释文》已行，不及追改耳。《论语》则兼存鲁读，《释文》载《论语》郑注引鲁读二十四事。《周易》则时载古文。《释文》于泰、豫、坎、离、姤、既济六卦，皆引古文，盖费《易》残本之仅存者。扶微之功，尤不可没。视孔冲远之多袭旧疏，刘文淇有《左传旧疏考正》，刘毓崧有《易》、《尚书》旧疏考正。不去葛龚，如《舜典》疏云"大隋造律"、《吕刑》疏云"大隋开皇之初，始除男子宫刑"之类，皆隋人之笔，胡敬《五经义疏得失论》辨之。识不逮陆，具如昔论。说见臧氏《经义杂记》。惜乎！《尚书》意义，则见滑于宋人；《文献通考·经籍考》

引《崇文总目》云："始开宝中，诏以德明所释乃《古文尚书》，与唐明皇所定今文驳异，令陈鄂删定其文，改从隶书，盖今文自晓者多，故音切弥省。"○敦煌所出《尚书释文》残本，即未改者。《孝经释文》，复被淆于唐注。说详《经义杂记》。斯亦不能无憾矣。

议孔第七(阙)

择本上第八

自竹帛传讹，漆书贿改，典籍莫正，爰创石经。《后汉书·灵帝纪》："熹平四年，诏诸儒正《五经》文字，刻石立太学门外。"《儒林传序》："自本初后，游学增盛，太学至三万余生。然章句渐疏，而多以浮华相尚，儒者之风盖衰矣。党人既诛，其高名善士多坐流废，后遂至忿争，更相言告，亦有私行金货，定兰台漆书经字，以合其私文。熹平四年，灵帝乃诏诸儒正定《五经》，刊于石碑。"李巡首其议，《后汉书·宦者传》："巡以诸博士试甲乙科，争第高下，更相言告，至有行赂定兰台漆书经字，以合其私文者，乃白帝，与诸儒共刻《五经》文字于石，于是诏蔡邕等正其文字。自后《五经》一定，争者用息。"则石经由李巡创议也。蔡邕董其书。《后汉书·蔡邕传》：邕以经籍去圣久远，文字多谬，俗儒穿凿，疑误后学，熹平四年，乃与五官中郎将堂谿典，光禄大夫杨赐，谏议大夫马日磾，议郎张驯、韩说，太史令单飏等，奏求正定《六经》文字。许之，邕乃自书册于碑，使工镌刻，立于太学门外。于是后儒咸取正焉。凡与斯文，悉标姓字。陆机《洛阳记》云："《礼记》碑上有谏议大夫马日磾、议郎蔡邕名。"又云："太学赞碑载蔡邕、韩说、堂谿典等名。"（见《蔡邕传》注、《水经·谷水注》引。）《隶释》载《公羊》残石有□谿典、谏议大夫臣马日磾、臣赵䂻、议郎臣□□、臣刘弘、郎中臣张文、臣苏陵、臣傅桢；《论语》残石有博士臣左立、郎中臣孙表。又云：工陈兴刻。《东观余论》所记略同。洛阳新出残石有刘宽、堂谿典诸人名，又有诸经博士、郎中姓名。其见于载记也，经目既有多寡，范书《灵帝纪》、《儒林传序》、《卢植传》、《宦者传》皆云《五经》,而《张驯传》云,与蔡邕共奏定《六经》文字,与《邕传》合。《隋书·经籍志》载一字石经《周易》、《尚书》、《鲁诗》、《仪礼》、《春秋》、《公羊》、《论语》(《唐志》无《鲁诗》),凡七目。《洛阳记》及《洛阳伽蓝记》云四部,见下。碑数复有参差。陆机《洛阳记》云:"碑凡四十六枚。"《洛阳伽蓝记》云:复有石碑四十八枚,亦表里隶书,写《周易》、《尚书》、《公羊》、《礼记》四部,又读书碑一,并在讲堂。《北齐书·文宣帝纪》:天保元年八月诏云:往者文襄皇帝所建蔡邕石经五十二枚,即宜移置学馆,依次修立。○案《隋志》及他书所载,以《洛阳记》为名者甚众,《邕传》李注所引《洛阳记》,不标士衡之名,依《光武纪》注引陆机《洛阳记》,与《邕传》注所引首数语同,《水经·谷水注》引陆机言太学赞别一碑在讲堂西,下列石龟,碑载蔡邕、韩说、堂谿典等名,太学弟子赞复一碑在外门中,亦与此文相类,知此为士衡作。《伽蓝记》不云四碑为汉石经,以其言隶书知之,其以三字石经为汉立,说见下。参校诸书,证其同异。经则名五实七,《隋志》载一字石经七种,《隶释》所列汉石经残碑有《尚书》、《鲁诗》、《仪礼》、《公羊》、《论语》,今洛阳出土汉石经残石有《易》、《诗》、《仪礼》、《春秋》、《公羊》、《论语》,与《隋志》七经之目合。其云六经者,《春秋》经传皆用《公羊》,合而为一,故云六也。其云五经者,《论语》本为传记,不在六艺之科,故云五也。《洛阳记》及《伽蓝记》、《御览》引戴延之《西征记》,所载皆有《礼记》。案范书《卢植传》云:"时始立太学石经,以正《五经》文字。植乃上书曰:'臣少从通儒故南郡太守马融受古学,颇知今之《礼记》特多回冗,臣前以《周礼》诸经发起粃缪,敢率愚浅,为之解诂,而家贫,乏力供缮写上。愿得将能书生二人共诣东观,就官财粮,专心研精,合《尚书》章句,考《礼记》得失,庶裁定圣典,刊正碑文。'"则《礼记》未尝勒石也。《邵氏闻见后录》谓洛阳张氏发地所得有《礼记》,桂馥谓前人通称《仪礼》为礼记,《采蘩》笺引《少牢馈食礼》称《礼记》,《尔雅·释诂》注引《士相见礼》,《释言》注引《有司彻》,《释草》注引

《丧服传》，亦皆云《礼记》，则士衡所云《礼记》谓《仪礼》，非《戴记》也。**碑则四十有六**。《洛阳记》云："碑四十六枚。西行，《尚书》、《周易》、《公羊传》，十六碑存，十二碑毁。南行，《礼记》十五碑悉毁。东行，《论语》三碑，二碑毁。"《伽蓝记》谓石碑四十八枚，表里隶书，《周易》、《尚书》、《公羊》、《礼记》者，八乃六之误。陆机不言《春秋》者，《春秋》、《公羊》为一也。杨衒之并不言《论语》者，以其非经也。其不言《鲁诗》，则记载之误。王国维作《魏石经考》，推汉石经字数，谓西行二十八碑，当有《鲁诗》，是也。《北齐书》云五十二枚者，盖误合魏文帝《典论》六碑记之也（《典论》六碑，亦见《水经注》及《伽蓝记》）。《隋志》载一字石经《典论》一卷，《典论》非经，以其为一字，遂得斯名，故《齐书》误以为一字石经也。**复附列经本之殊，开后人校记之体**。《隶释》载《公羊》残碑有校记云，《传》桓公二年颜氏有所见异辞所闻异辞云云，凡三条；《论语》残碑有校记云，而在于萧墙之内，盖毛、包、周无于，其上二条残阙。又新出土《鲁诗》残石，亦有校记，文虽残阙，而其言皆记齐、韩与《鲁诗》异同，约略可辨。《论语》亦有校记，存言黑及且在封数字。**其异于今本者，《周易》则先心非洗**，《系词》："圣人以此洗心。"《释文》云："王肃、韩悉礼反，京、荀、虞、董、张、蜀才作先，石经同。"此所引正熹平石经也。**舍车作轝**。《贲》初九："贲其趾，舍车而徒。"新出土残石存"轝而徒"三字，车作轝。案《释文》云："车，音居。郑、张本作舆，从汉时始有居音。"**剥下衍之**，《剥》六三："剥之无咎。"残石无之字。《释文》作"剥无吝"，云："一本作剥之无咎，非。"**用狱无也**。《噬嗑》卦辞云："噬嗑，亨，利用狱。"又《彖》云："虽不当位，利用狱也。"又初九爻辞云："屦校灭趾。"残石存"用狱初九屦校"六字，疑《彖》传"利用狱"下无"也"字，窃又疑此"利用狱"三字乃卦辞，下接初九爻辞，高贵乡公所谓《彖》象不与经连者也。**《尚书》则憸民之为散民**，《盘庚》："相时憸民。"《隶释》载石经作相□散□，段氏《说文注》云："古文作思，今文作散,异字同音。”老侮之为翕侮,《盘庚》:“汝无老侮成人。”(依唐石经)《隶释》载石经作“女毋翕侮成人”,《东观余论》同。段氏《尚书撰异》曰:“翕侮,犹狎侮也。”孚命之为付命,《高宗肜日》:“天既孚命正厥德。”《隶释》作“天既付”(下阙),《东观余论》同。《史记·殷本纪》作附,《汉书·孔光传》引此亦作付。鲧陻之为鲧伊。《洪范》:“鲧陻洪水。”《隶释》载石经□伊鸿水,冯登府云:“《史记》作‘禹抑鸿水’,《孟子》同。伊、抑一声之转。”《诗》则飑靁之作飑靁,《邶·终风》:“飑飑其靁。”新出石经作靁,《广雅·释天》“靁,雷也”,《广韵·六脂》:“靁,雷也,出《韩诗》。”是《韩》、《鲁》同。贯女之作宦女,《魏·硕鼠》:“三岁贯女。”《隶释》载石经作“三岁宦女”。案:宦即宦御之宦。绿竹之作绿薄。《卫·淇澳》:“绿竹猗猗。”《释文》云:“《韩诗》作薄,音徒沃反,云:‘薄,篇筑也。’”石经同。青衿之作青衿。《郑·子衿》:“青青子衿。”王伯厚《诗考》云:“汉石经作‘青青子裣’,《说文》:‘裣,衽也。’无衿字,又:‘紟,衣系也。’义别。”《仪礼》则奠下无爵,《乡饮酒礼》:“坐奠爵于篚。”新出残石作“坐奠于匪”。案:今本郑注云:“今文无奠。”疑无奠乃无爵之误。此文云:宾降,主人坐奠爵于阶前,辞坐,主人取爵兴,适洗,南面,坐奠于篚。上言取爵,则所奠为爵可知,故今文无爵字。若作“坐爵于篚”,则文义不明矣。徐养原、胡承珙知其不可通,徐疑当云今文无奠爵于篚下,注脱四字耳,其说甚妄;胡疑当云今文无奠下爵,传写脱下爵二字,其记近是,惜不得见此残石耳。篚不从竹;见上。案:《说文》:“匪,器似竹筐;篚,车令也。”二字义别,此作匪,用本字。遵者作僎,《乡饮酒礼》:“遵者降席。”新出残石作“僎者降席”。案,郑此注云:“今文遵为僎。”《乡射礼》“大夫若有遵者”注同。《礼记·少仪》:“介爵僎爵皆居右。”注:“《古文礼》僎作遵。”《乡饮酒》义“介僎”注同。媵觚非腾。《大射仪》:“媵觚于宾。”注:“古文媵皆作腾。”案《燕礼》“媵觚于宾”注云:“今文媵皆作腾。”两注互异。胡承珙疑《燕礼》注是,《大射仪》注误,徐养原据石经作媵,知今文作媵,古文作腾。案《隶释》载媵觚及下文两媵爵皆作媵,不作腾,胡氏说非是,当以《大射仪》注为正,《燕礼》注今文乃古文之误。《春秋公羊》则郑伯之名为䋎,成四年《经》:"郑伯坚卒。"《释文》作臤,云:"苦刃反,本或作坚。"疏云:"《左氏》作臤,《穀梁》作贤字(今本误坚),今定本亦作坚字。"案,原本《玉篇·系部》:䋎,古牛、古两二反。《公羊传·成公四年》,郑伯䋎卒,䋎乃䋎之误。大广益本又脱"公羊传"三字,新出《公羊》残石正作䋎。州满之字非蒲。成十八年《经》:"晋弑其君州蒲。"今三家经本并同,新出残石作州满。案《左传·成十年》五月,晋立太子州蒲以为君。《释文》:"州蒲,本或作州满。"是旧有作"满"之本也。孔疏于经文五月公会晋侯注太子州蒲下云:"汉末应劭作《旧君讳议》,云:'昔者周穆王名满,晋厉公名州满,又有王孙满,是同名不讳。'则此为'州满',或为'州蒲'误耳。"是汉人所见《春秋》作"州满"也。《史记·十二诸侯年表》、《晋世家》皆作寿曼,寿之与州、满之与曼,音皆相近,若作蒲则与史文不合矣。《史通·五行杂驳》篇:"州满既死。"子玄自注云:"今《春秋左氏》本皆作州蒲,误也,当为州满,事具王劭《读书志》。"碏作踖则合于许书,隐四年《传》:"石碏立之。"《隶释》载石经作踖,《说文》有踖无碏,惠氏《古义》谓当从石经。昉作放亦同于郑《谱》。隐五年《传》:"始僭诸公,昉于此乎?"《隶释》载石经作放,案隐二年始灭昉于此乎,注:"昉,适也,齐人语。"徐疏云:"胡母生齐人,故知之。"若郑《谱》云"然则诗之道,放于此乎"之类,惠氏《古义》谓考范注昉读如放于此乎之放,则汉时《公羊》昉皆作放。冯登府以为作昉者胡母生本,石经作放是严氏本,郑君所习为严氏本,与何异。《论语》则抑与之抑为意,《学而》篇:"抑与之与?"《隶释》载石经作意予之与,《东观余论》同。冯登府曰:意通噫,《周颂·噫嘻》,定本作《意嘻》;《小雅》"抑此皇父",《笺》:"抑之言噫。"徐邈音抑为噫。《韩诗》:"抑,意也。"《释诂》注:“与,犹予也。”孝乎之乎为于,《为政》篇:“《书》云孝乎惟孝。”《隶释》载石经乎作于,《东观余论》同。案《释文》:“孝于,如字,一本作孝乎”,皇侃《义疏》本正作于。《吕氏·审应》篇:“然则先王圣于。”高注:“于,乎也。”樊迟之字作遟,又樊迟曰,《隶释》载石经迟作遟。案,遟即籀文迟字。子赣之文非贡。子贡字,《隶释》载石经《学而》、《为政》二篇各一见,《子张》篇五见,皆作赣。案:《乐记》作赣,《尔雅》、《说文》皆云:赣,赐也。名字正相应。何而德衰之句,有类乎庄生;《微子》篇:“何德之衰,往者不可谏,来者犹可追。”《隶释》载石经作何而德之衰也,往者不可谏也,来者犹可追也。案:《庄子·人间世》篇作何如德之衰也,而与如通,说见《释词》。万方有罪之言,则邻乎《墨子》。《尧曰》篇:“万方有罪,罪在朕躬。”《隶释》载石经罪字不重。冯登府曰:皇本、高丽本亦作万方有罪在朕躬,与石经合。马应潮曰:“《墨子·兼爱》篇:‘万方有罪,即当朕身。’《国语》引《汤誓》云:‘万夫有罪,在余一人。’俱不重罪字。”其他文字之异,不可殚论。《隶释》所载石经《尚书》残碑五百四十七字,《鲁诗》残碎《国风》百七十三字,《仪礼》残碑《大射仪》四十五字,《公羊》残碑三百七十五字,《论语》残碑九百七十一字;《隶续》载《仪礼》残碑《聘礼》三十一字(《东观余论》《广川书跋》所记皆较洪氏为略)。有洪氏蓬莱阁刻本、越州石氏刻本(元吾丘衍《学古编》谓蓬莱阁本破缺磨灭,不异古碑,今亡矣。清孙退谷所藏为越州石氏本),翁方纲得黄秋盦、钱梅谿及如皋姜氏本刻于南昌府学,后作《汉石经残字考》。钱氏《履园丛话》则谓得双钩本于明刻《管子》中,亲自刻石。翁、李(亨特,刻于绍兴府学)、如皋姜氏、吴门刘氏,皆从所刻再模。后又于《管子》中得《论语》残字三十八,则翁氏不及补镌矣。又有陈雪峰刻本,顾涧蘋有跋,载《思适斋集》。近年出土者有叙表残石二,又有《易》、《诗》、《仪礼》、《春秋公羊》、《论语》残石,皆有拓本,若唐张参《五经文字》所载石经字体之异于《说文》者尤众。《广韵》“斗”下云："石经作斗。"亦汉石经。欲考今文博士之业者，固当视若球图矣。《隋志》云：梁有今字石经《郑氏尚书》八卷，亡；又梁有《毛诗》二卷，亡。案汉石经皆今文。《书正义序》云：今文则欧阳、夏侯三家之所说，蔡邕碑石刻之。又《尧典》第一下疏云：检古本并石经直言《尧典》第一，无古文《尚书》，则汉石经不得有郑氏《尚书》，《毛诗》亦然。全谢山据《王肃传》注引《魏略·儒宗传序》，谓黄初补刻，说近是。全氏又谓《鲁诗》及《春秋》经文为黄初补刻，则大谬。

石经之刻，一字著于熹平，《水经注》云：光和六年，刻石镂碑。杨慎、赵蛹以光和为初刻，熹平为再刻，杭大宗已辨之。三体备于正始。《后汉书·儒林传序》以熹平石经为三体，《洛阳伽蓝记》、《魏书·崔光传》、《刘芳传》、《经典释文》、《隋书·经籍志》、《集古录目》、《广川书跋》、《东观余论》、万斯同《石经考》，皆为所误。《水经注》以三体为魏石经，《邵氏闻见后录》、《金石录》、《画墁录》、《隶释》等书皆从之。今则此事大明，不烦具说矣。或云：书自邯郸；《魏书·江式传》：邯郸特善《苍》、《雅》，许氏字指，八体六书，精究闲理，以书教诸皇子，又建三字石经于汉碑之西。《北史》同。卫恒《四体书势》则云："魏初传古文者出于邯郸淳。恒祖敬侯写淳《尚书》，后以示淳，而淳不别。至正始中立三字石经，转失淳法，因科斗之名，遂效其形。"《水经注》同。胡身之《通鉴注》，谓汉元嘉元年度尚命邯郸淳作曹娥碑，时淳已弱冠。自元嘉至正始九十余年，则三字石经非淳书也。杭氏《石经考异》云："或写于黄初，而刻于正始，亦未可定。"章氏《新出土三体石经考》云："淳书独步汉魏，尝写壁经，而弟子迻以入石，其笔法渊茂，弟子所不能至，故云转失淳法，非谓字体有失也。"或云出于中散。《世说·言语》篇注引嵇绍《赵至序》云：先君在太学写石经古文。《晋书·赵至传》："诣洛阳，游太学，遇嵇康于学，写石经。"叶奂彬据此以为嵇康手笔。章氏云："嵇康写石经古文者，乃就石迻写，非书以上石也。"案《晋书·载记·石季龙》:遣国子博士诣洛阳写石经。亦谓临写,非写以上石也。经则二部,《御览》引戴延之《西征记》及《洛阳伽蓝记》,载三体石经为《尚书》、《春秋》二部,《隋志》所载同。两《唐志》则又有《左传》。《隶续》载苏望所刻,亦有《左氏》桓公传。案古经虽与传别行,而汉石经已并《公羊》经、传为一经,故《春秋左传》亦一经也。石则卅五。《西征记》云三十五碑,《伽蓝记》同(今本三讹二)。《水经注》作四十八,王氏《魏石经考》以为误。其石表里刻字,每行六十字,章氏推计每面三十二行,王氏推卅,每面三十五行。二经具有全文,传惟至庄而止。王氏以石数二十万计之如此。或谓《左传正义》引石经古文"鲁"作"炭"、"虞"作"㕦",谓唐叔事在《昭公传》,则石经《左传》下至昭公。予谓《书》有《虞书》,及有鳏在下曰虞舜,《春秋经》有虞师虞公,其古文作㕦,故孔氏云然,非必见昭公传也。若夫恕先所录,英公所集,苏望所摹,洪适所记,孙氏考订于前,孙星衍《魏三体石经遗字考序》云:"就《隶续》所载,理而董之,证以经典字书,为之音释。又得严孝廉可均、洪明经颐煊互相是正。既成,寄顾茂才广圻,于江陵刊刻。"冯氏补正于后。冯登府《魏石经考异》云:"孙渊如前辈分别《尚书》、《春秋》文,各厘而正之,究有未尽合者,仍照原文为校证以存之。"今洛阳所出,倍于《隶续》;《隶续》所记,古文三百七,篆文二百十七,隶书二百九十五,凡八百一十九字。今新出残石约千八百字。章、王所释,略具端倪。虽碑石断烂,似难取以校经;而古篆昭明,实有軨于说字,洵可考仓沮之遗型,补汝南之罅漏矣。《隋志》云:"后魏之末,齐神武执政,自洛阳徙于邺都,行至河阳,值岸崩,遂没于水。其得至邺者不盈大半。至隋开皇六年,又自邺载入长安。"案《隋志》语多误。迁邺事见《魏书·孝静纪》,而《周书·宣帝纪》:大象元年徙邺城石经于洛阳。安得自邺载入长安邪?《隋书·刘焯传》云:"运洛阳石经至京师,文字磨灭,莫能知者。"则石经转徙至长安而尽毁。今洛阳出土者文字未尝磨灭,盖毁于士衡之前，沈薶地中者也。嗣是典午有裴頠之奏，而磨勒未施；《晋书·裴頠传》：奏修国学，刻石写经。拓跋有佛狸所刊，亦传闻匪实。《南齐书·魏虏传》：佛狸于城西三里刻石，写《五经》及其国记于邺。杭大宗以为传闻之误。故靡得而述焉。

魏代刻经，胜流临写；唐人勒石，名儒不窥，《旧唐书·文宗纪》：开成二年，郑覃进石壁《九经》一百六十卷。又云：石经立后数十年，名儒皆不窥之，以为芜累甚矣。优劣判矣。昔明皇作注，始著石台；《金石录》：唐明皇《孝经》四卷，天宝四载九月八分书。《书录解题》：唐明皇《孝经注》一卷。始刻石大学，御八分书，有祭酒李齐古所上表及答诏，且具宰相等名衔，号为《石台孝经》。司业校文，爰书墙壁。刘禹锡《国学新修五经壁记》云："初大历中名儒张参为司业，始详定《五经》，书于论堂东西厢之壁。"非镵石也。文宗之世，创立石经，时则郑覃建言，《新唐书·郑覃传》：始覃以经籍刓谬，博士浅漏，不能正。建言愿与巨学鸿生共力雠勘，准汉故事。诏可，乃表周墀、崔球、张次宗、孔温业等是正其文，刻于石。玄度覆定。《旧唐书·文宗纪》：又令翰林勒字官唐玄度复校。《唐会要》：太和七年二月五日敕唐玄度覆定石经字体。字体既乖师法，《旧唐书·文宗纪》。经文复紊旧章。如《礼记·月令》以明皇注升列首章，《尚书·鸿范》"无偏无陂"、"曰蒙曰驿"从明皇、卫包改本之类。加以乾符修改，后梁补阙，宋人旁注，明代妄刊，故昆山顾氏，力诋其谬。《金石文字记》。然其时去古未远，或有据依，持较今书，实多胜义。《周易》则裒多非裒，《易·谦卦》："裒多益寡。"石经裒作褎，顾氏以为误。钱大昕云："裒字《说文》所无，当作褎。"冯登府云："《尔雅·释诂》：裒，聚也。陆德明《音义》：古本作褎。"严可均云："《五经文字》亦但有褎字。"毛居正《释文正误》谓褎作褎误。是宋监本《释文》正作褎，与石经合。《释文》：荀、董、蜀才作桴。褒从衣系省声。孚与孚同，是褒与桴通。《艺文类聚》卷二十一引《诗》“原隰褒矣”，《玉篇》、《说文系传》引作“桴矣”，此褒与桴通之证，不误。力少非小。《系辞》：“力小而任重。”石经小作少，顾氏以为误。《养新录》云：“《周章传赞》注引《易》，与石经同。《三国志·王修传》注引《魏略》：力少任重。《汉书·王莽传》：‘自知德薄位尊，力少任大。’今本少作小，惟北宋景佑本是少字。”《尚书》则孙上有子，《盘庚》：“作丕刑于朕孙。”石经作于朕子孙，顾氏以为误。传云：作大刑于我子孙，是经有子字。乱下无臣。《泰誓》：“予有乱臣十人。”顾云：“先脱臣字，后旁注。”严可均云：案《左传·襄二十八年》：武王有乱十人，昭二十四年：余有乱十人，《论语》：予有乱十人，与书凡四见，既校定，又覆定，又详定，皆无臣字。《论语释文》云：本或作乱臣十人，非。而《书》《左传》不著，是陆所见本惟《论语》或有臣，因驳之。至乾符勘定，增此臣字，而昭传《论语》亦增臣，惟襄传不增臣，版本沿之，三有臣，一无臣。监本、毛本并襄传亦有臣，皆衍文也。案刘敞《七经小传》据误本，谓子无臣母之理，《易》文母为邑姜，朱子《论语注》、《尚书》蔡传皆从之。苏子瞻作太皇太后挽词，亦有允矣才难十乱臣之句，皆误也。《毛诗》则懮受之作憂受，《诗·陈风·月出》：“舒懮受兮。”石经懮作憂，顾氏以为误。冯登府曰：《说文·夂部》：憂，和之行也；《心部》：悳，愁也。懮，传训舒，正与叔重训和之义合，《说文》无懮字，宜从憂。严可均云：“案在没字处莫辩。”翛翛之作脩脩。《豳风》：“予尾翛翛。”石经作“脩脩”，顾氏以为误。钱氏《养新录》云：“宋光尧御书亦作‘脩脩’。”岳珂《九经三传沿革例》云：“监本、蜀本、越本皆作‘脩脩’，兴国本及建宁本皆作‘翛翛’。”是宋刻“翛翛”二字各本互异。朱文公闽人，所据必建宁本，自朱《传》行，而世遂不复知有“脩脩”之本矣。《说文·羽部》无“翛”，当以“脩”为正（臧在东云：“《正义》本作消，云：定本‘消消’作‘脩脩’，今《正义》本改‘脩’为‘翛’。”）段氏《诗经小学》、李氏《毛诗紬义》、胡氏《毛诗后笺》、马氏《传笺通释》皆以作“脩”为是。《周礼》则共其犒牛,犒乃为槁;《周礼·牛人》:“军事共其犒牛。”石经“犒”作“槁”,顾氏以为误。冯登府云:贾疏云:谓将帅在军枯槁之赐,牛谓之槁牛,则本作槁。《说文》无犒字,稾即槁字。《小行人》若国师役,则令槁襘之。故书槁为稾,郑司农云:稾当为槁,谓犒师也(犒亦当作槁)。《左氏传·僖公二十六年》:公使展喜犒师。服注:以师枯槁,故馈之。是犒古只作槁。惠定宇谓张揖撰《广疋》,始从牛旁。考何休曰:牛酒曰槁,此即从牛之意不昉于揖也。案宋余仁仲本、宋注疏本皆“槁”。《释文》:犒牛,苦报反。叶钞《释文》作槁。阮氏云:“序官”《稾人》疏亦云,枯槁须槁劳之,故名其官为槁人。妢胡之笴,笴实作笱。《考工记》:“妢胡之笴。”石经笴作笱,顾氏以为误。段氏谓注故书笴为笱,笱当作笱,唐石经作笱,即依故书。徐养原、冯登府说并同。严可均谓经文宋以前本作笱,今作笴者,涉后文凡相笴而改耳。郑注当云:笱矢干也,故书笱为笱。杜子春云:笱当为笱,笱读为稾。《说文》有笱无笴,笱稾声之转,故得破读。钱氏大昕亦谓笱与笱字形相似,读笱为稾,声尤相近也。孙诒让则谓字书笱字无古老反之音,《五经文字》笱字注,亦止云见《尔雅》,不云见《考工记》,足证陆德明、张参所见经本不作笱。案孙说非是,字书所载有遗漏,《五经文字》不云见《考工记》,亦不云见《诗》,岂得谓《诗》无笱字也?《仪礼》则建柶非捷,《仪礼·士冠礼》:“捷柶兴。”石经“捷”作“建”,顾氏以为误。钱大昕云:《士昏礼》亦有建柶之文,《集说》亦作建,是宋时尚未误也。今本误者,乃因《释文》有捷柶两字,疑为经文,遂妄改耳。郑注本云:建柶,扱柶于醴中。陆所见本,扱柶作捷柶,故云捷本又作插,亦作扱。要是注文,非经文,则石经作建不误。洗爵作觯。有司彻:“主人降洗爵。”石经爵作觯,下主人实爵同,顾氏以为误。冯登府曰:经举觯于其长注,古文觯皆为爵,延熹中诏校书,定作觯。彭元瑞云:正德嘉靖旧本尚作觯。严可均云:《考工记》“献以爵而酬以觯”,亦为切据,张淳改为爵,妄耳。宋单郑注本、集释本皆作觯,不误。《礼记》则沮泄本作且泄,《月令·

仲冬》:“以固而闭,地气沮泄。”石经作“且泄”,顾氏以为误。卢召弓云:《释文》无沮音,正义亦不解沮,此经当本作且。严可均云:足利古本且泄,《吕氏春秋》作且泄。一个本作一介。《大学》:“若有一个臣。”石经“个”作“介”,顾氏以为误。冯登府曰:“《书·秦誓》马融本作介,训为耿介。《公羊传》引《秦誓》亦作‘介’,《史记·张耳陈余传》‘介居河北’注:‘介,特也,与个通。’《左氏·襄八年》传:一介行李,即一个;又昭二十八年《传》:君亦不使一个辱在寡人,即一介也。《五经钩沈》校宋本《大学》,补此文疏阙文云:此秦穆公誓词,言群臣若有一耿介之臣断断然诚实专一,此《正义》一介为耿介本作介也。个盖介之俗字,《说文》无此字,徐氏所谓亦不见义,无以下笔,是也。李贻德曰:《礼·月令》:左右个亦当作介。《淮南·时则训》:青阳左个,高注:个犹隔也;其虫介,高注亦曰:介,隔也,是青阳之个字亦为介,故高并训为隔也。山井鼎本及岳珂本、宋大字本并作一介,今石经同,则石经正可证今本之讹矣。”武亿说略同。《左传》则錫命之作赐命,《文元年》:“王使毛伯卫来錫公命。”石经錫作赐,顾氏以为误。冯登府曰:“《汉书·五行志》作毛伯赐命,石经正合,二字本通。《易·师》:王三錫命,郑本作赐;《仪礼·燕礼》注:古文赐作錫;《觐礼》注:今文赐作錫;《左传》‘而赐之姓’,《论衡》引作錫,盖古今文。钱氏《金石文跋尾》云:经书錫,传书赐,故注有谢赐命之语,非误也。”武亿说略同。且辟之作旦辟,成二年:“且辟左右。”石经且作旦,顾氏以为误。《养新录》云:“《左氏》纪梦每言旦。庚宗之梦,则云旦召其徒;社宫之梦,则云旦而求之曹。石刻字画分明,可证俗本之误。”严可均说同。畀我之作卑我,襄二十三年:“邾畀我来奔。”石经畀作卑,顾氏以为误。冯登府曰:“《孟子》:‘封诸有庳。’《汉书·邹阳传》作‘封之有卑’,服虔音畀予之畀。《后汉书》注又作‘封之有鼻’。此文《公羊》亦作‘鼻我’。《荀子·宥坐》‘卑民不迷’注:音畀予之畀,盖庳、鼻、畀、卑,古文通用。正义凡三引此文,及淳化本并作‘卑我’。”严可均曰:昭二十年曹公孙会自鄸出奔疏两引作卑,则孔所见本是卑字。而《释文》音必利反者，盖经本作卑，陆以《公羊》作鼻我，定四年又有季芊畀我，故依彼破读耳。其实卑、畀形近，校官碑卑字作畀，是隶书畀即卑字也。駕鵝之作鴐鵝。定元年："荣駕鵝。"石经駕作鴐，顾氏以为误。冯登府曰："《山海经》：青要之山，北望河曲，是多鴐鸟，注：鴐宜作駕。然鴐字《说文》无之，故古即以駕当之，石经正从古文。"严可均曰："依本字当作鴚，鴚、鴐同音。《史记·司马相如传》：'连駕鵝。'《集解》引郭璞曰：'野鹅也，駕音加。'张守节《正义》曰：'駕鵝连谓兼获也。'宋本《白帖》卷二十九引《前汉书》：'连駕鵝。'《艺文类聚》卷九十一引《广志》：'駕鵝，野鹅也。'《御览》卷百九十九引《广雅》：'駕鵝，野鹅也。'《古今人表》作駕，《路史后纪》卷四、《急就篇》'荣惠常'王应麟补注、《韵会·六麻》引作駕，岳本作駕。又襄二十八年杜解：'荣駕鵝。'检《释文》以下，都是駕字，不误。"《公》、《穀》则伐戴之作伐載，《公羊·隐十年》："宋人、蔡人、卫人伐戴。"石经"戴"作"載"，顾氏以为误。冯登府曰："《释名》：'載，戴也，戴，在其上也。'《诗·丝衣》笺：'載犹戴也。'載弁俅俅，《尔雅·释言》注：'作戴弁，二字通。'段氏玉裁曰：'《说文》：𢦏故国在陈留，𢦏本字，載借字，戴或字。'"桓贼之作桓贱，《公羊·桓二年》传："隐贤而桓贼也。"石经贼作贱，顾氏以为误。钱氏《跋尾》云："据注，贱不为讳，则当为贱也。"彭元瑞云："宋景德本、鄂泮官书本、明闵齐伋本并作贱。"严可均曰："《汉·五行志上》：'董仲舒、刘向以为桓弑兄隐公，臣民痛隐而贱桓。'与此传正同。不误。"百里之作伯里，《公羊·僖三十三年》传："百里子与蹇叔子。"石经百作伯，顾氏以为误。严可均云："上下文皆作百。"冯登府云："《孟子》'百里奚'，《韩非子》作伯里；《穀梁·三十三年》传'百里'，《释文》作伯；《后汉书·宦者传》：'越骑营五百妻有美色。'《舆服志》作伍佰，二字通。"荀罃之为荀婴。《穀梁·襄元年》传："晋侯使荀罃来聘。"石经罃作婴，下二年、三年同，顾氏以为误。冯登府曰："婴古罌字，见《山海经·西山经》注,《广雅》罂训同罃,《穆天子传》黄金之婴即罂,《史记·魏世家》惠王罃,《国策》本作婴,古通假字。”《论语》则必有之作必得,《论语》:“三人行,必有我师焉。”石经作“我三人行,必得我师焉”,顾氏以为误。冯登府云:皇本、正平本同。《释文》亦同,云:“一本无我字”,又云:“本或作必有。”《史记·孔子世家》亦云:“三人行必得我师。”严可均云:《六帖》八十八引作“必得”。害仁之作害人;无求生以害仁,石经仁作人,顾氏以为误。严可均云:《文选》曹植《赠徐幹诗》注、《御览》四百十九引作人,不误。裘上无轻,愿车马衣轻裘,石经无轻字,后旁注。钱氏《跋尾》云:此宋人妄加,考《北齐书·唐邕传》云,朕意在车马衣裘与卿共敝,盖用子路故事,是古本无轻字,一证也。陆氏《释文》,于赤之适齐节,音衣为於既反,而此衣字无音,是经本无轻字,二证也。邢疏云:愿以己之车马衣裘与朋友共乘服,是邢本亦无轻字,三证也。皇氏《义疏》云:车马衣裘共乘服而无所憾恨,是皇本亦无轻字,四证也。今注疏与皇本正文有轻字,则后人依通行本增入,非其旧矣。乐下增道。未若贫而乐,石经乐下旁增道字。阮元云:唐石经旁添字多不足据,此道字独与古合。考《史记·仲尼弟子列传》《文选·幽愤诗》注引此文,并有道字;又下二节孔注及皇、邢两疏,亦有道字,俱足为古本有道之证。武亿说同。《尔雅》则乌蘾之字作薞,《释草》:“泽,乌蘾。”石经蘾作薞,顾氏以为误。严可均曰:上文有蘾乌薞,故郭此注云:即上蘾也。言此乌薞即上之一名蘾者耳。案叶钞《释文》、单疏本、雪窗本、郑樵注本、至善堂本并作薞。麻母之文为荸。《释草》:“莩,麻母。”石经莩作荸,顾氏以为误。冯登府曰:《说文》作‘芓,麻母’,《玉篇》荸下以芓为古文,则依《说文》当作芓,即依旧本亦当作荸,今本作莩,直误字耳。案单疏本、雪窗本、郑樵注本、至善堂本并作荸。草名王女,即是唐蒙;《释草》:“蒙玉女。”石经作王女。案单疏本、雪窗本、郑樵注本、至善堂本皆作王女。上文唐蒙,女萝;女萝,菟丝。

邢疏云：下云蒙王女。然则唐也、蒙也、女萝也、菟丝也、王女也凡五名，注中王女字，旧本皆作王，可互证。星号黄姑，无嫌河鼓。《释天》：“河鼓谓之牵牛。”石经初作何，改作河，顾氏以河为误。案郭注：今荆楚人呼牵牛星为担鼓，担者荷也。则郭本自作何，故《释文》音胡可切也。此作河者：《史记·天官书》：牵牛为牺牲，其北河鼓。《汉书·天文志》同。《诗·大东》传：河鼓谓之牵牛。诸宋本考文古本皆作河鼓，彼疏引李巡、孙炎注，虽误以牵牛、河鼓为二星，而字皆作河。牵牛有黄姑之号，音转为河鼓、何鼓皆可通。其他文之胜于俗本者，盖不可胜计也。夫石经著而古本亡，刻本行而石经晦。然则唐石经者，固今本之祖祢，而古本之云礽也。溯自开成讫于近代，历时千载，全石具存，较之熹平断碣、正始残碑，犹乘雁之于江湖，垒空之于大泽也。苟惑刘昫之谰言，循顾君之误说，则悖矣。朱彝尊跋云：刘昫讥其字乖师法，然终胜于今监本、坊本。王鸣盛《蛾术篇》云：太学石壁《九经》，《旧唐书》谓为有乖师法，诚然，但此必须有大学识之人方能审定。修《旧书》者学识想必不高，而敢为此言，不知于意云何？至于顾氏《金石文字记》所驳，今试逐条考之，每有无误而妄驳，使石经受其冤诬者。又明赵崡《石墨镌华》云：王尧惠等补字大为纰缪，然既别刻小石，不与原文相乱，则听之可也。予所得石本乃从见在石上榻出，其补字为别刻小石，与原文不相搀杂，尚自显然。顾氏所据，乃装裱成册者，因裱匠取流俗邨塾中《九经》本，按照前后，用后人所补嵌入，装合辐凑，竟如一手榻出者。顾氏久客西安，目击此石，乃不加详核，粗疏甚矣。钱大昕《金石文跋尾》云：今人得宋椠本，尚知宝而爱之。此经刻于唐世，同时儒者讥其芜累，固所不免。越今已及千年，世间不复见有唐本，而此石岿然独存，乃以缪戾讥之，甚矣其惑也。

若夫开成旧刻，惟著经文；广政新刊，兼字古注。程其功伐，斯又后胜于前者矣。自唐政不纲，衣冠流徙，蜀人好事，文物独彰。《丹铅录》:蜀刻《九经》最为精确,是时僭窃之主惟昶有文学,蜀故不受兵,又饶文士,故其所制尤善。于是昭裔捐金,德钊书石。宋席益《成都府学石经堂图籍记》:伪蜀广政七年,其相毋昭裔按雍都旧本,令平原令张德钊书而刻诸石。赵抃《成都记》:伪蜀相毋昭裔捐俸金,琢石于学宫。晁公武《石经考异序》云:凡历八年,其石千数,昭裔独办之,尤伟然也。避李氏之庙讳,循雍都之旧章。《困学纪闻》云:"后蜀石经于唐高祖太宗讳皆阙画,唐之泽深矣。"案自来言蜀石经者,洪容斋以下,皆谓其避唐讳。缪荃孙云:《左传》世、民、昏、愍、棄、葉均缺笔,他庙讳则不避,世之治也,一避一不避,可证。《周礼》世字、民字均不避,棄仍作弃,諜仍作諌,是习尚使然,不足为避讳之证。知祥祥字作袨,詳翔同,不避知字。知详祖讳,《左传》作瘵,《周礼》作瘵,《毛诗》作瘱。父讳欧史名道,《蜀梼杌》则云名巇,今本道字献文皆不缺笔。吴履敬、式训皆力驳避讳之说。总彼群经,勒成十部。范成大《成都石经始末记》云:《孝经》、《论语》、《尔雅》,甲辰岁张德钊书;《周易》,辛亥岁杨钧、孙逢吉书;《尚书》,周德正书;《周礼》,孙朋吉书;《毛诗》、《礼记》、《仪礼》,张绍文书;《左氏传》不志何人书,而详观其字画,亦必蜀人所书。晁公武《郡斋读书志》、赵希弁《附志》所记略同。加以田况补其阙略,《成都记》:《公》、《穀》则有宋田元均所刻。晁公武《石经考异序》:皇祐中,田元钧补刻《公羊》、《穀梁》二传,然后十二经始全。席益修其废典。《石经考异序》:《孟子》十四卷,席益政和中知成都。刊石置于成都学宫。云:伪蜀时刻六经于石,独无《孟子》,经为未备。夫经大成于孔氏,岂有阙耶?其论既缪,又多误字,如以频颇为嚬蹙类,不可胜计。○全祖望云:晁氏自说之始疑《孟子》,请去《孟子》于讲筵,故公武亦有此论,可谓偏乖之甚。《礼记》、《尔雅》皆列学官,今独龂龂于《孟子》,是何心与?孟蜀时七篇未登于经,其不备宜也,宋初已作正义,独席益又何缪之有?晁氏帅蜀,复隆雅道。刊《尚书》之古文,

《成都记》：古文《尚书》则晁公武所补。《石刻铺叙》："《古文尚书》三卷，盖唐天宝未废古书前传本，汲郡吕大防得之于宋次道王仲至家，乃元丰五年壬戌镂板，乾道六年帅晁公武取以入石。"考群经之异字。《石刻铺叙》云：《石经考异》，"乾道六年庚申三月旦东里晁公武校石经与监本不同者作为此书：《易》（五）、《书》（十）、《诗》（四十七）、《周礼》（四十二）、《仪礼》（三十一）、《礼记》（三十二）、《左传》（四十六）、《公羊》（二十二）、《穀梁》（二十三）、《孝经》（四）、《论语》（八）、《尔雅》（五）、《孟子》（二十七），此正经不同者如此，传注不与。"（案此皆用晁氏《考异序》语。）范成大《石经始末记》云：《考异》之作，大抵以监本参校，互有得失。其间颠倒阙讹，所当辨正，然古今字虽少不同，而实通用耳。《考异》并序凡二十一碑，具在石经堂中。《玉海》云：伪蜀相毋昭裔取唐太和本刻石于成都学宫，与后唐板本不无小异。乾道中晁公武参校二本，取经文不同者三百二科，著《石经考异》，亦刻于石。张奭继踵，兼校注文，《玉海》云：张奭又校注文同异为《石经注文考异》四十卷。羽翼石经，蔚成巨著。诚稽古之盛业，学林之大观也。征殊文于往志，综坠绪于残编。虽片石靡存，而遗型犹在，工拙之数盖可得而言焉。乃若云梦连文，晁氏《考异序》云：《禹贡》：云土梦作乂，倒土梦字。《梦溪笔谈》云：旧《尚书·禹贡》：云梦土作乂。太宗皇帝时，得古本《尚书》，作云土梦作乂，诏改《禹贡》从古本。冯登府《石经补考》云：案本作云梦，《职方》：荆州，其泽薮曰云梦；《尔雅》：楚有云梦；《史记·夏本纪》作云梦土为治；《汉·地理志》作云梦土作乂，自古无异文。自唐人谓据古本《尚书》改云土梦作乂，云梦分江南、江北二地，非古义矣。石经《礼记》从李林甫所改，以《月令》为首，此独不阿新说，亦可谓具卓识者。案冯说盖节录胡氏《锥指》之言，而胡说亦自有误。沈存中所谓太宗皇帝者，宋太宗也，胡氏谓为唐太宗，而李孝臣《群经识小》、武虚谷《经读考异》皆沿其误，与冯氏同。胡氏又云：云梦经传，诸书有合称者，有单称者。《周礼》：荆州薮泽曰云梦。《尔雅》十薮，楚有云梦。《吕览》、《淮南子》同。《战国策》：楚王游于云梦，结驷千乘。宋玉《高唐赋》曰：楚襄王与宋玉游于云梦之台。司马相如《子虚赋》曰：云梦者方八九百里。此合称云梦者也。《左传·定四年》：楚子涉睢，济江，入于云中。此单称云者也。宣四年：邧夫人弃子文于梦中；昭三年：楚子以郑伯田于江南之梦；宋玉《招魂》曰：与王趋梦兮课后先，此单称梦者也。单称特省文耳，云可该梦，梦亦可该云。杜元凯注梦中云：梦，泽名。江夏安陆县东南有云梦城，则梦在江北。注云中云：入云梦泽中。颖达引《左传》以为之说曰：此泽亦有单称云、单称梦，经之土字在二字之间，盖使文兼上下也（中略）。若从石经本，则传云：泽中有土，可以耕作，义甚惬当。愚尝反复于斯，而觉太宗此一改殊多事，不若仍旧之为得也。承周案：《子虚赋》云："臣闻楚有七泽，尝见其一，未睹其余也。臣之所见，盖特其小小者耳，名曰云梦。"上言其一，下言云梦，则云梦之泽，是一非二，可不烦言而解矣。又《子虚赋》云："云梦者方九百里。"《史》、《汉》、《文选》并同，《禹贡疏》误引作"方八九百里"，胡氏、李氏并沿其误。王氏后案引《子虚赋》，吞云梦者方八九百里，此又兼涉下文吞若云梦者八九，而混为一语矣。輖饥异体；厉樊榭诗集注引《汝坟》："惄如调饥。"蜀石经作輖饥，冯登府云：传：调朝也。《释文》：调又作𫐄。余案，《说文》：𠦝，旦也，即朝字，从倝，舟声。周、舟古通。《诗》：舟人之子，亦作周，是也。段氏曰：《毛诗》以周声之调𫐄为朝，则朝非不可读为舟，益知车旁之误。案：冯氏全袭李富孙《诗经异文释》，《说文》有𫐄无輖，𫐄借字，輖不成字，段氏注《说文》仍作𫐄。一隅之示，增以三言；晁氏《考异序》：《论语》自行束修章，"举一隅"下，有"而示之"三字。冯登府云："皇本、高丽本及李善《西京赋注》并同。郑注'则举一隅以语之'，玩注亦有此三字。《考文》云：'古本作而示之。'又云：'足利本作示之，少而字。'"阮氏《校记》谓古本当有此三字。六物之占，益者四字；晁氏《考异序》：《左氏传·昭公十七年》：六物之占在宋卫陈郑乎。

案唐石经旁注六物之占四字,《御览》八百七十五引亦有此四字,则有者盖古本也。惠定宇谓唐石经当晁公武据蜀石经增入,蜀时贾、服注犹存,此盖据贾、服本也。李富孙非之云:晁以国子监本校蜀石经,非唐石经。《汉·五行志》引无此四字,杜亦无注,则其本所无可知。予谓李氏言杜本无此四字,惠君以为据贾、服本,皆非也。蜀石经有注,其《左传》即用杜注,杜本自有异同,决非以贾、服本窜改杜本也。《说卦》具康伯之注,晁氏《考异序》:《易·说卦》"乾健也"以下有韩康伯注,案今本乾健也,以下十二条皆无注,石本既亡,莫详其说矣。《诗序》符冲远之词。《考异序》云:《毛诗·日月》篇:以至于困,而作是诗也。案今《日月》篇序云:卫庄姜伤己也,遭州吁之难,伤己不见答于先君,以至困穷之诗也。《释文》云:以至困穷之诗也。旧本皆尔。俗本或作以至困穷而作是诗也,误。孔疏谓俗本作以至困穷之诗者误也。陆、孔所言正相反,陆之所是即孔之所非,则孔之所据即陆所非之本也。《考文》引古本作以至困穷之故,作是诗也,惟而字作故为异,余与蜀石经本同。此皆见称于昔人,有裨于经训者也。此外见于《考异序》者:《周易略例》有邢琇注(说见下章),《礼记·月令》从唐李林甫改定本,《论语·卫灵公》篇"敬其事而后食其禄"之类。见于《郡斋读书志》者:《盘庚》"若网在纲",皆作网字,"三人行必有我师焉"上又有"我师"二字(重见者不录)。见于朱子《论语集注》者:引晁氏曰:三嗅而作。石经嗅作戛,即《考异》之文。其残拓之仅存者,则陈君摹刻,陈宗彝《独抱楼丛书》有蜀石经《毛诗传笺》卷一卷二残本,王氏《金石萃编》亦载蜀石经《毛诗》。刘氏汇印。刘体乾所藏蜀石经有《周易》、《毛诗》、《仪礼》、《礼记》、《尚书》、《周礼》、《尔雅》,皆印行。冯云伯之所取资,冯登府《蜀石经考异》载《毛诗》残碑及《周礼》《左传》残碑,考其异同。缪荃孙之所椾记,缪氏《蜀石经校记》,载《古学汇刊》。固已详矣。其《毛诗》经文之长于今本者,则《江汜》之篇,于归未脱;《召南·江有汜》“之子归”，三章俱作“之子于归”。王昶云：此无他义，只以《桃夭》、《鹊巢》等篇皆作“之子于归”，此处亦依例增之。冯登府云：“案正义言是子嫡妻往归之时，不共我以俱行。往训于字，似有于字，足利本三章皆有于字。”案此后人去之，使皆三字为句耳。《谷风》之语，育鞠可删之类是也。《邶·谷风》：“昔育恐育鞠。”蜀石经作昔育恐鞠。阮氏《校记》云：“下育字以传、笺、正义考之，皆当有，蜀石经之不可信每类此。”王昶、段玉裁、冯登府说同。胡承珙云：传云：育，长；鞠，穷也。笺云：昔育：育，稺也；及，与也。昔幼稺之时，恐至长老穷匮，故与女颠覆尽力于家事，难易无所辟。传云育长者，长训长养，谓昔时于长养之道恐至穷匮，故我与尔颠覆尽力于家事。下文既生既育，谓既遂其生，既得所长，二育字同义，故于既育无训，笺以昔育之育为幼稺，既育之育为长老。正义曰：以育得两训，故《释言》为稺，《释诂》为长，以经有二育，故辨之。又案《笺》云：昔育者对既育言之，于既生既育乃云：生，谓财业也；育，谓长老也。郑虽以昔育为稺，既育为长，与毛异，其于昔育句亦必无二育字，所云昔幼稺之时恐至长老穷匮者，乃探下文既育言之，非因恐下有育字而训以长老也。若经文作恐育，则笺当云昔育，幼稺也，恐育，长老也，然后昔幼稺之时恐至长老穷匮矣。此可见传笺本皆当作昔育恐鞠四字为句，蜀石经所据，当不误也。其传文之长于今本者，则醴之宗室，不可礼之；《召南·采蘋》：“有齐季女。”《传》：“必先礼之于宗室。”蜀石经礼作醴，下《笺》：礼字并同。冯登府曰：“定本作醴，正义：‘父醴女，以醴酒礼之。今《毛传》作礼仪之礼者，《司仪》注云：上与下曰礼。故《聘礼》用醴酒礼宾，作《礼仪》之礼。定本礼作醴。’石经是也。”案，《士冠礼》：“请醴宾。”注云：“此醴当作礼。”又“若不醴，则醮用酒”注亦云：“醴亦当为礼。”《士昏礼》“请醴宾”注又云：“此醴亦当为礼。”此皆不得以上与下曰礼解之，冯说未合。《昏礼》“赞醴妇”注：“醴当为礼。”父之醴女，舅姑之醴妇，情事相埒，则似以作礼为是。然《士昏礼》记，女子许嫁，笄而醴之，称字。又云：父醴女而俟迎者，郑不破字，则作醴自通。至《士冠礼》若不醴则醮用酒，郑破作礼，胡墨庄谓当在上文乃醴宾下，盖礼兼醴醮而言，隆之则醴，杀之则醮，礼固可兼礼醮也。若醴与醮对文，万无作礼之理，此醴女亦醴醮之醴，以《昏礼》例之，则定本未尝不可从也。不重烦劳，本无不字；《甘棠》："召伯所茇。"《传》："茇，草舍也。召伯听男女之讼，不重烦劳百姓，止舍小棠之下而听断焉。国人被其德，说其化，思其人，敬其树。"蜀石经"重"上无"不"字。阮《校记》曰："石经与《司马相如传》'方今田时，重烦百姓'合。案，颜注：'重犹难也。'《史记索隐》同。《管子·权修》篇：'必重尽其民力。'《淮南·诠言》篇：'重为善若重为非，而几于道矣。'并同义，有不字，则失其恉矣。"又案：蜀石经"茇草舍也"上有"笺云"二字，《校勘记》云："宋小字本、相台本、闽本同，明监本、毛本移于'也'字下，《考文》古本同。《正义》云：'定本集注于内，并无笺云。'是其本自'茇草舍也'至'敬其树，皆为传也。"段玉裁以定本集注为是，则蜀石经作笺误。狱埆之为狱讼，《召南·行露》："何以速我狱。"《传》："狱，埆也。"蜀石经作"狱讼也"。王昶云：经文此章速狱，下章速讼，明狱、讼是二事，不得云狱讼也。《周礼·地官》"有狱讼者"注：争罪曰狱，争财曰讼。又为狱、讼两事之证。孔氏《正义》引郑云：狱者埆也，囚证于埆核之处。《集韵》埆字下，引《诗·行露》注：狱，埆也。可见唐宋所行之传皆作埆，则此作讼者讹矣。或又谓《说文》埍训女牢，埆即埍之讹。案，《说文》：埍，徒隶所居也，一曰女牢，则以埆为埍之讹，说亦有据，附识之。冯登府曰："埆字《说文》所无，正义此章言狱，下章言讼。《司寇》职云：'两造禁民讼，两剂禁民狱'，对文，则狱、讼异也。故彼注云：'讼谓以财货相告者，狱谓相告以罪名'，是其对例也，散则通也，此《诗》亦无财、罪之异，重章变其文耳，故序云听讼以总之，则讼为长。"案狱、讼二字本无财、罪之分，犹饕、餮二字初无财、食之别也，解者歧而二之耳。以讼释狱，不得为误。不然，则间㛹丑恶、三虱食齇同得讼名，何关财货？冯登府谓埆字《说文》所无，因谓埆当作讼；王氏又感于俗谬字书之言，谓埆当为埍，则非是。《说文》：狱，确也。埆即确之变耳。愠怒之作愠怨，是也。《邶·柏舟》："愠于群小。"《传》："愠，怒也。"蜀石经怒作怨。案宋小字本、相台本皆作怒，《释文》本作怒，《正义》本作怨。冯登府曰："《说文》：'愠，怨也。'石经是也。"其《笺》语之异者尤众。其有关校议者，略举数条于此。《采蘩》："夙夜在公。"《笺》："早夜在事。"蜀石经作"早夜在于公事。"《采蘋笺》："教成之祭，牲用鱼，芼用蘋藻，所以成妇顺也。此祭女所出祖也。"蜀石经重祭字（《校勘记》云：小字本、相台本重祭字，《考文》古本同）。《行露》："岂不夙夜。"《笺》："夙，早也。"蜀石经作"夙夜，早暮也"（《释文》本有"夜暮"二字，云：《小星笺》同，今皆脱）。《笺》又云："《周礼》：仲春之月，令会男女之无夫家者，行事必以昏昕。"蜀石经"行"上有"仲春"二字，"昕"下有"之时"二字。又"室家不足"《笺》："室家不足，谓媒妁之言不和，六礼之来强委之也。"石经"家"下有"之道"二字，"谓"下有"不以"二字，和作知（冯云：正义三言，俱云室家之道，似今本《笺》语脱去也。"不以"二字，石经当衍，和、知形相涉而讹。案石经实不讹，冯说非）。《江有汜》"之于归"《笺》："之子，是子也，是子谓嫡也。"蜀石经无"是子也"三字。《周官》经文之长于今本者，则掌凡庶蛊之事，掌字犹存；《秋官·翦氏》："掌除蛊物，以攻禜攻之，以莽草薰之，凡庶蛊之事。"蜀石经"凡"上有"掌"字，唐石经同。缪荃孙云："按薙氏亦掌凡杀草之政令，则此字当有。"案贾疏云："其蛊毒自是庶氏。今此云凡庶蛊者，同类相兼，左右而掌之。"则经文有掌字。又案经例，凡上或有掌字，或无掌字。如《庶氏》：凡殴蛊，则令之，比之。以言令言比，则不须言掌而已明。《柞氏》：凡攻本者掌其政令。掌字在下，各案文义，不可增省，他皆放此。此文诸本无掌字，盖以为冢上当省，而文义不属，有者为长。诏相诸侯之礼，诏字未捝之类是也。《大行人》："若有大丧，则相诸侯之礼。"蜀石经"相"上有"诏"字，唐石经同。彭元瑞云："诏相，左右教告之也。宋本《九经》、宋纂图互注本、宋附释音、余仁仲本皆作诏相诸侯之礼。”阮《校记》略同，皆失引蜀石经。其注之长于今本者，则瓚读如饜，本非破字；《考工记·玉人》：“天子用全，上公用龙，侯用瓚，伯用埒。”郑注：“瓚读为餰饜之饜。”蜀石经“为”作“如”，段氏《汉读考》，因叶钞《释文》及贾疏述注，“读”下皆无“为”字，因据删。案蜀石经作“如”，则“为”乃“如”之误，不必删去矣。杼之训杀，不作古文之类是也。《考工记·玉人》：“杼上终葵首。”注：“杼，䊷也。”阮《校记》云：“《周礼》经作䊷，注当用殺字，下文注中取殺、殺女，皆不作䊷也。今此诸本皆作䊷，盖浅人援《释文》本改之。”案蜀石经此注作殺，独不误。《左传》则尔车之下无多，襄十年《传》：“子驷抑尉止曰，尔车非礼也。”唐石经“车”下旁增“多”字。缪荃孙云：“阮《校记》以旁增字为后人所加，蜀石经全本开成，亦无‘多’字，更可为阮添一确证。”名川之字非大。襄十一年《传》：“名山名川。”唐石经初刻作“大川”，改刻“名”。案，蜀石经亦作名，诸本并同。孔疏述注亦作“名川”。此文上下，司慎司监、群神群祀、先王先公皆叠字，则作名是也。惟名仍当训大，疏以有名释之，非也。又案，蜀石经多有与唐石经改刊字同者，前人多归狱于王尧惠，未尽然也。《公羊》则實国之避非寔，《桓七年》：“焚咸丘。”《传》：“曷为不系乎邾娄？国之也。”《解诂》云：“欲使如国，故无所系。加之者，避寔国也。”阮《校记》以寔为误，云：“当从鄂本作‘實’。”案，蜀石经正作“實”。麦鱼之荐非苗。桓八年《传》：“夏曰礿。”《解诂》：荐尚麦鱼，麦始孰可汋，故曰礿。阮《校记》云：“苗字误，当从鱼。”案，蜀石经“苗”正作“鱼”。斯其善者也。然申午、葵卯，昔人所讥，其书既多，不能无舛。全谢山云：“程克斋讥蜀石经，谓其《春秋》以甲午为申午，以癸卯为葵卯。然其书既多，自不能无舛错，要之有足资考证者。”是以于《诗传》则曰蘋曰藻，搀入《韩诗》；《召南》：“于以采藻。”《传》：“蘋，大萍也。沈曰蘋，浮曰藻。”案各本无下六字，《释文》：“蓱本又作萍。《韩诗》云：‘沈者曰蘋，浮者曰藻。'"蜀石经当即由《释文》所引误入。由带由膝，误缘《尔雅》。《邶·匏有苦叶》："深则厉。"《传》："以衣涉水为厉，谓由带以上也。"蜀石经作"由带上以为厉，由膝以下为揭"。案：《孔疏》云："《释水》云：'济有深涉，深则厉，浅则揭。'揭者褰衣也，以衣涉水为厉，由膝以上为涉，由带以上为厉。《尔雅》既引此诗，因揭在下，自人体以上释之，故先揭，次涉，次厉也，传依此经先后，故引《尔雅》不次耳。然传不引《尔雅》由膝以下为揭者，略耳。"据此，则唐初《毛传》已无"由膝以下为揭"一句，此依《尔雅》增之，非其旧矣。于《礼注》则恶鸣之鸟，于引陆机，《秋官·硩蔟氏》注："覆夭鸟之巢，谓恶鸣之鸟，若鸮鹏。"蜀石经此下更有"贾谊所赋，陆机云'大如斑鸠，绿色'"十三字。缪荃孙曰："郑君卒于建安五年，至孙吴建国，相去二十六年，疑元恪早岁著书，郑君犹及见之，故采入注。郑就卢学，即为《礼注》尚在桓、灵之间，想亦随时修改耳。"案郑君与元恪时代既乖，地域复异，即使元恪早岁著书，何能遽行北土，况肊必之词邪？《郑志》答炅模云："为《记》注时，就卢君先师亦然，后乃得毛公传，既古书义又宜然。《记》注已行，不复改之。"（《诗·燕燕》疏、《南陔序》疏、《礼记·坊记》疏并引）夫毛公郑所服膺，义又宜然，《记》注已行，尚不追改；元恪新学小生，义非幽奥，偶见其书，即以增入，何重陆而轻毛邪？此盖后人偶加笺记，写石经者误入本注耳。缪氏亦知援引《郑志》，而不审褅下文，妄生同异，自矜创获，此板本目录之士所以无与于学也。毒物之莽，遥征郭璞。《翦氏》：以莽草熏之。蜀石经注文云："今用以杀鱼。《山海经》：朝歌山有草名莽，可以毒物。郭璞云：蠹物穿食人器物者云云。"各本注文无"郭璞云"以上二十二字。缪荃孙云："此注专释'莽'字，应在'以熏之则死'下，先引《山海经》，再引郭注，'今用以毒鱼'即郭注也，此注倒置。"案郑君无下引郭说之理，亦后人旁记误入注文耳。苟能知瑾瑜之匿瑕，同葑菲之无弃，排沙简金，宝斯见矣。案，曹学佺《名胜记》：石经《礼记》有数段在合州宾馆中。缪荃孙《石经跋》云曾访碑于合州，无此石，盖不知毁于何时。

降及嘉祐，刻石汴京，爰著《九经》，分陈二体。周密《云烟过眼录》记"嘉祐石经"云："罗寿可游汴梁，太学《九经》石堆积如山，一行篆字，一行真字。"《癸辛杂志》所载同。而《宋史·艺文志》则云："杨南仲《五经》七十五卷。"是《九经》《五经》，多寡不同。据《玉海》所载，仁宗命国子监取《易》、《书》、《诗》、《周礼》、《礼记》、《春秋》、《孝经》为篆、隶二体，刻石两楹，则实七经也。又载判国子监王洙上言，国子监刊立石经，至今一十五年，止《孝经》刊毕，《尚书》、《论语》见书镌未就，乞促近限毕工。则又有《论语》，疑莫能明也。时则章生以草泽而赐绢，《续通鉴长编》：嘉祐六年三月，以篆国子监石经成，赐草泽章友直银百两、绢百匹，除试将作监主簿，辞不就，故有是赐。《玉海》所记略同。《宣和书谱》：闽人章友直工篆法，与杨南仲篆石经，刻于太学。胡恢以潦倒而复官。《梦溪笔谈》：金陵人胡恢，博物强记，善篆隶，臧否人物。坐法失官，十余年潦倒贫困，赴选集于京师。是时韩魏公当国，恢献小诗自达，魏公深怜之，令篆太学石经，因此得复官。任华州推官而卒。《猗觉寮杂记》：本朝石经，胡恢所书。赵、谢、张、杨，咸膺厚赍；冯氏《补考》云：《宋史》：北宋篆石经，有谢泌、张次立、杨南仲、皇侄克继等，或赐银币，或赐出身。而依傍字部，改变经文，未为得也。二体石经，如蒞作竦、衰作缞、罍作櫑、鬱作欝之类皆依《说文》本字。而《檀弓》"伯高之丧，赴於孔子"，於乃作烏；"子夏投其杖而拜"，其乃作箕，在古虽为一字，今则判然，以此相易，则经典所绝无也。"夫由赐也见我"，由篆作甹，亦非。下逮绍兴，宸章独耀；神尧御笔，宪圣续书。《石刻铺叙》：高宗亲御翰墨，作小楷以书《周易》、《尚书》、《毛诗》、《春秋左传》全帙，又节《礼记·中庸》、《儒行》、《大学》、《经解》、《学记》五篇，章草《语》、《孟》，续送成均，左仆射秦桧请镌石以颁四方。卷末皆刊桧跋语。《四朝闻见录》:高宗御书《六经》,尝以赐国子监及石本于诸庠。上亲御翰墨,稍倦即命宪圣续书,至今皆莫能辨。案,高宗御书石经始末,事详《玉海》。朱竹垞《宋石经跋》云:“今存者通计八十七碑,虽非足本,然书法甚工,学古者所当藏弆。秦桧一跋以为吴讷椎碎。”案今存杭州府学者实八十六碑,朱语误也。点画或乖,无关要旨。而《左传》会于夷仪之岁,犹存旧次,则刊本所希见也。南宋石经襄二十五年“会于夷仪之岁”云云在下卷二十六年经前。冯登府曰:唐石经、《释文》并同,闽本、毛本在三十六卷之末,皆仍十行本之误也。案,已说在《申陆》篇。夫石经有七,而清人为殿。《困学纪闻》:石经有七,汉熹平则蔡邕,魏正始则邯郸淳,晋裴頠、唐开成、中唐元度、后蜀孙逢吉等,本朝嘉祐中杨南仲等,中兴高庙御书。案晋石经实未成,益以清代石经,始足七刻之数。蒋衡陋儒,不通字例,寻其初本,盖无足观。乾隆初订,嘉庆重修,在庭诸臣,详加磨改。观彭元瑞提要之作,具见损益之旨;虽未能上媲刘曹,恕可以追唐轶宋矣。蒋衡有《跋十三经残字册》,见《曝书杂记》。又姚元之《竹叶亭杂记》云:“太学石经凡一百九十碑,为江南拙老蒋衡书。乾隆五十七年始勒石。先是五十六年,高庙拟勒石经于太学,初命彭文勤司校雠,和珅令人作考文提要举正,分训诂、偏旁、谐声三门,以进。嘉庆八年,将碑字草率漏画略加修补。”

择本中第九

夫由宋元之雕板，以望汉魏之石经，则石经尚矣；由唐蜀之石经，以望前代之写本，则写本邈矣。昔汉武建藏书之策，爰置写官；河间留进献之真，为成好本。《汉书·河间献王传》："从民得善书，必为好写与之，留其真。得书多与汉朝等。"虽情媞竹素，而赖钞胥；亦有学类编蒲，情同缉柳。上见《汉书·路温舒传》，下见《文选》任彦升《为萧扬州荐士表》注引《楚国先贤传》。梁生之成万卷于白首，《太平御览》六百十九引桓谭《新论》："梁子初、杨子林所写万卷至于白首。"又见《困学纪闻》八。向郎之逾八十以潜心。《蜀志·向郎传》："郎潜心典籍，孜孜不倦。年逾八十，犹手自校书，刊定谬误。积聚篇卷，于时最多。"以至齐献手刊，《晋书·齐献王攸传》："就人借书，必手刊其谬，然后反之。"纪瞻自写；《晋书·纪瞻传》："瞻好读书，或自抄写。"葛洪反覆，《抱朴子·自叙》篇："遭兵火，先人典籍荡尽。乃负笈，徒步行借就营田园处，以柴火写书。常乏纸，每所写，反覆有字。"萧绎巾箱。《金楼子·聚书》篇："使孔昂写得前后《汉》等，合百卅四卷，在巾箱中，书极精细。"或日课有程，《梁书·文学·袁峻传》："家贫无书，每从人假借，必皆钞写。自课日五十纸，纸数不登，则不休息。"或佣书代读；《梁书·王僧孺传》："家贫，常佣书以养母。所写既毕，讽诵亦通。"或箧盈数十，《南齐书·高逸·沈驎士传》："遭火烧书数千卷。驎士年过八十，耳目犹聪明。火下细书，复成二三千卷，满数十箧，时人以为养身静默之所致也。”或纸过八千。《北史·崔逞传》：“崔长谦为青州司马，贼围城二百日，读书不废，手钞八千余纸。”斯曩哲之勤劬，即后生之轨则也。迹其迻录，各有根株；苟见流传，咸资隐据。是以服虔解谊，旧册远溯于永嘉；《魏书·徐遵明传》：赵世业家有服氏《春秋》，是晋世永嘉旧本，遵明乃往读之。杜预《春秋》，遗编遥存于齐代。《南齐书·武十七王传》：晋安王子懋撰《春秋例苑》三十卷。世祖曰：知汝常以书读在心，足为深欣。赐以杜预手定《左传》及《古今善言》。郭京正《易》，凭韩、王之手书。《容斋随笔》卷五云：“唐苏州司户郭京有《周易举正》三卷，云：‘曾得王辅嗣、韩康伯手写注定传授真本，比校今世流行本及国学、乡贡举人等本，或将经入注，用注作经，《小象》中间以下句，反居其上，爻辞注内移，后义却处于前，兼有脱遗、两字颠倒谬误者，并依定本，举正其讹，凡一百三节。’今略取其明白者二十处载于此：《坤》初六：‘履霜坚冰至。《象》曰：履霜，阴始凝也，驯致其道，至坚冰也。’今本于《象》文‘霜’字下误增‘坚冰’二字。《屯》六三《象》曰：‘即鹿无虞，何以从禽也？’今本脱‘何’字。《师》六五：‘田有禽，利执之，无咎。’元本‘之’字行书，向下引脚，稍类‘言’字，转写相仍，故误作‘言’，观注义亦全不作‘言’字释也。《比》九五《象》曰：‘失前禽，舍逆取顺也。’今本误倒其句。《贲》：‘亨，不利有攸往。’今本‘不’字误作‘小’字。‘刚柔交错，天文也；文明以止，人文也。’注云：‘刚柔交错，而成文焉，天之文也。’今本脱‘刚柔交错’一句。《坎》卦‘习坎’上脱‘坎’字。《姤》九四：‘包失鱼。’注云：‘有其鱼故失之也。’今本误作‘无鱼’。《蹇》九三：‘往蹇来正。’今本作‘来反’。《困》初六《象》曰：‘入于幽谷，不明也。’今本‘谷’字下多‘幽’字。《鼎·彖》：‘圣人亨，以享上帝，以养圣贤。’注云：‘圣人用之，上以享上帝，而下以养圣贤。’今本正文多‘而大亨’三字，故注文亦误增‘大亨’二字。《震·彖》曰：‘不丧匕鬯，出可以守宗庙社稷，以为祭主也。’

今本脱‘不丧匕鬯’一句。《渐·象》曰:‘君子以居贤德,养风俗。’注云:‘贤德以止巽则居,风俗以止巽乃善。’今本正文脱‘风’字。《丰》九四《象》:‘遇其夷主,吉,志行也。’今本脱‘志’字。《中孚·象》:‘豚鱼吉,信及也。’今本‘及’字下多‘豚鱼’二字。《小过·象》:‘柔得中,是以可小事也。’今本脱‘可’字,而‘事’字下误增‘吉’字。六五《象》曰:‘密云不雨,已止也。’注:‘阳已止下故也。’今本正文作‘已上’,故注亦误作‘阳已上故止也’。《既济·象》曰:‘《既济》,亨小,小者亨也。’今本脱一‘小’字。《系辞》:‘二多誉,四多惧。’注云:‘惧,近也。’今本误以‘近也’字为正文,而注中又脱‘惧’字。《杂卦》:‘蒙稚而著。’今本‘稚’误作‘杂’字。予顷于福州《道藏》中见此书而传之,及在后省见晁公武所进《易解》多引用之,世罕有其书也。”《四库提要》云:其书《崇文总目》始著录,《书录解题》于“宋咸《易补注》”条下,称“咸得此书于欧阳修”,是天圣庆历间乃行于世也。洪迈、李焘并以为信。晁公武则谓以《繇》、《象》相正,有阙漏,可推而知托言得王、韩手札及石经。赵汝楳亦诋其挟王、韩之名以更古文。王应麟又援《后汉书·左雄传》“职斯禄薄”句,证其改《旅》卦斯字为衡之非。近时惠栋作《九经古义》,驳之尤力。杜镐谈经,尊臧、岑之校本。《困学纪闻》卷六云:“雍熙中校《九经》,史馆有宋臧荣绪、梁岑之敬所校《左传》,诸儒引以为证,孔维谓不可按据。杜镐引贞观敕,以经籍讹舛,由五胡之乱,学士多南迁,中国经术浸微,今并以六朝旧本为证,持以诘维。维不能对。(原注见《谈苑》)”获《考工》于楚冢,补《周礼》之阙文;《南齐书·文惠太子传》:“时襄阳有盗发古冢者,相传云是楚王冢,大获宝物,玉屐、玉屏风、竹简书,青丝编简,广数分,长二尺,皮节如新。盗以把火自照,后人有得十余简以示抚军王僧虔,虔云:是科斗书《考工记》,《周官》所阙文也。”○案:今《考工记》段氏、韦氏、裘氏、筐人、楖人、雕人,文并阙坏,王僧虔谓是《考工记》,《周官》所阙文,当谓此也,惜记载不详耳。赍叙传于葫芦,得班书之异状。《梁书·萧琛传》:琛在宣城,有北僧南度,惟赍一葫芦,中有《汉书·叙传》，僧曰三辅旧老相传，以为班固真本，琛固求得之。○《南史·刘虬传》："子之遴好古爱奇，时鄱阳嗣王范得班固所撰《汉书》真本，献东宫。皇太子令之遴与张缵、到溉、陆襄等参校异同，之遴录其异状数十事，其大略云：'案古本《汉书》称永平十六年五月二十一日己酉郎班固上；而今本无上书年月日子。又案，古本《叙传》号为中篇，今本称《叙传》，又今本《叙传》载班彪事行，而古本云彪自有传。又今本纪及表、志、列传不相合为次，而古本相合为次，总成三十八卷。又今本《外戚》在《西域》后，古本《外戚》次《帝纪》。又今本《高五子》、《文三王》、《景十三王》、《孝武六子》、《宣元六王》杂在诸传表中；古本诸悉次《外戚》下，在《陈项传》上。又今本《韩彭英卢吴述》云：信惟饿隶，布实黥徒。越亦狗盗，芮尹江湖。云起龙骧，化为侯王。古本述云：淮阴毅毅，伏剑周章。邦之傑子，实惟彭、英。化为侯王，云起龙骧。又古本第三十七卷解音释义，以助雅诂；而今本无此卷也。'"○案：《西京杂记》后有葛洪跋语，称家有刘歆《汉书》百卷，考校班固所作，殆是全取刘氏，小有异同，固所不取，不过二万许言，今钞出为二卷，名曰《西京杂记》。葛氏书庾信以为出于吴均，所称刘歆《汉书》致不足信。而《梁书》、《南史》所谓真本《汉书》者，齐息园亦力辨其谬。窃谓萧琛所得、之遴所释，当为一书，诸人目击，自是古本，或他人取班书重加编次耳，非刘歆《汉书》之比也。以至《孝经》科斗，出自阳冰；韩愈《科斗书后记》：李服之者阳冰子，授予以其家科斗书《孝经》、卫宏官书，两部合一卷。《礼记》殊文，竞称才邵。《困学纪闻》卷五："《家语·终记》云：'泰山其颓，则吾将安仰？梁木其坏，吾将安仗？喆人其萎，吾将安放？'《檀弓》无'吾将安仗'四字。或谓庐陵刘美中（名才邵，字美中）。家古本《礼记》，'梁木其坏'之下有'则吾将安仗'五字，盖与《家语》同。"○案此疑写者据《家语》增入，而罗大经、谢枋得皆取其说。项羽之妾，墓启藏经；唐傅弈《老子考异》所载《道德经》众本，有项羽妾本，云："齐武平五年，彭城人开项羽妾冢得之。"文箫之妻，轩名写韵。吴彩鸾嫁文箫，书《唐韵》事见《神仙感遇传》。《宣和书谱》同。虞道园有《写韵轩记》，云：以吴仙写韵得名。其所书《唐韵》欧阳永叔、黄鲁直、魏鹤山、陆友仁、虞道园皆见之。周公谨则云所书为《切韵》，楼攻愧亦辨以为《法言》书，王秋涧又以为《广韵》。（《广韵》之名不始于宋，王国维《书唐韵后》已言之。秋涧言后有柳悬诚题云：吴彩鸾一夕书《广韵》一部。则亦可见唐人已谓之《广韵》矣。）魏鹤山所见本，二十八“删”、二十九“山”之后即为三十“先”、三十一“仙”；周公谨、陆友仁所见本又为二十三“先”、二十四“仙”，不知何以牴牾如此。楼攻愧《题汪季路家藏吴彩鸾〈广韵〉后》云：以《广韵》校彩鸾所书，“東”有十七，而此本止三字；“同”有四十五，而此止十九；“公”有十三，而此止于八；“蒙”有二十七，而此止于十二。今以行世诸残本校之，无一同者，盖彩鸾事既荒唐难稽，唐代流行写本韵书，好事者悉傅之彩鸾，故乖剌不合也。又前人所载彩鸾书，尚有《玉篇》之属，详俞樾《茶香室丛钞》、叶德辉《书林清话》。斯亦羽陵所未蠹，而汲郡之嗣音也。其中虽有如《连山》肆伪，百两售欺，猥成鲁壁之书，妄加杭头之字。而淄渑判味，岂乏狄牙；碧玉分形，尚资猗顿，是在善学者明辨之耳。自刊印之风大炽，传录之本日稀。朝挟千金，夕罗万卷。操取舍于计赢之贾，委权衡于攻木之工。此石林所为深讥，《避暑录话》：“唐以前凡书籍皆写本，未有摹印之法。人以藏书为贵，人不多有，而学者精于雠对，故往往皆有善本。学者明传录之艰，故其诵读亦精详。五代时，冯道始奏请官镂板印行。国朝淳化中，复以《史记》、前后《汉》付有司摹印，自是书籍刊镂者益多，士大夫不复以藏书为意。学者易于得书，其诵读亦因灭裂。然板本初不是正，不无讹误。世既以板本为正，而藏本日亡，其讹谬者遂不可正，甚可惜也。”昭德所由寄慨者矣。晁公武《石经考异序》：昔议者谓太和石本校写非精，时人弗之许，而世以长兴板本为便。国初遂颁布天下，收向日民间写本不用。然有讹舛，无由参校判知其谬，犹以为官既刊定，难于独改。夫景文之校史，及见师古未注之编；宋景文校《汉书》，所据有古本唐本，古本为颜师古未注以前本。又建安本参校之书亦有卷子古本，见监本卷首。〇案《困学纪闻》卷十二：“《武帝纪》元朔三年诏曰：‘夫刑罚所以防奸也，内长文所以见爱也。’或云：‘古写本无注，《汉书》作而肆赦所以见爱也。’”刘昌诗《芦浦笔记》以为章子厚家藏古本。仲达之解六书，犹征鼎臣以前之帙。元戴侗《六书故》多引唐本《说文》。而岳倦翁遍刻诸经，兼参异本，凡所胪举，二十有三，旧校古钞，乃无一在。《九经三传沿革例》所列皆刻本。信哉，六艺之厄也。明清以来所谓钞本者，或源出宋刊，或作由近代。求如郘亭所获唐本《说文》，孑遗偶存，盖难数觏，犹且人怀疑信，论有异同焉。日本向风既久，兵燹无多，虽无徐市赍往之书，欧阳永叔《日本刀歌》：“徐市行时书未焚，逸书百篇今尚存。”盖想象之言。实有奝然未献之籍。《崇文总目》：郑康成注《孝经》一卷，先儒多疑其书，唯晋荀昶《集解》以此注为优，请与孔注并行，诏可。今太学所立陆德明《释文》与此相应。五代兵兴，中原久逸其书。咸平中，日本僧奝然以此书来献，议藏秘府。《直斋书录》云：按《三朝志》：五代以来，孔、郑注皆亡。周显德中，新罗献别序《孝经》，即郑注者。而《崇文总目》以为咸平中日本僧奝然所献，未详孰是。案，《文昌杂录》云：周显德六年，高丽遣使献别序《孝经》一卷、越王《孝经新义》八卷（余略）。别序者记孔子所生及弟子从学之事云云，与《三朝志》所记时代合。惟别序非郑注，其文甚明。《宋史·日本传》：雍熙元年，日本僧奝然浮海而至，得《孝经》一卷，即郑注者。合而观之，则别序《孝经》为周显德中高丽所献，郑注《孝经》为宋初日本僧奝然所献，《三朝志》始误合二书为一耳。（献别序《孝经》，《高丽史》在光宗光德十年。）远则藤原《目录》，既腾耀于彼邦；日本陆奥守藤原佐世撰《日本见在书目录》，黎庶昌刻之《古逸丛书》中。其书成于宽平中，当中国唐昭宗时，所记多隋、唐《志》所不著录之书，详狩野直喜《日本国见在书目录考》。近则山井《考文》，亦扬声于中土。日本西条侯掌书记山井鼎撰《七经孟子考文》，阮元得其书，刻之。狩野直喜《七经孟子考文补遗考》云："山井本姓大神氏，名鼎，字君彝，号昆仑，又称善六，又名重鼎，为物徂徕弟子。其书成于亨保十一年。逾四年，徂徕之弟东都讲官物观复成《补遗》。"案狩野文记载考证极详，卢文弨《七经孟子考文补遗题辞》云："七经者，《易》、《书》、《诗》、《左传》、《礼记》、《论语》、《孝经》也，又益以《孟子》，皆据其国相传之古本及宋刻本以校明毛氏之汲古阁本。古本只有经与注文，其增益异同往往与《释文》、《正义》语多相合，但屡经传写，亦有舛讹。其助语致多，有灼然知其谬者，亦并载入，然断非后人所能伪作也。"杨守敬《日本访书志缘起》云："《考文》一书，山井鼎校之于前，物观又奉敕校之于后，宜若彼国古本不复有遗漏。不知《考文》刊于亨保中，当我康熙末(当云雍正初)，其时彼国好古之士亦始萌芽，故又传《易》单疏本、《尚书》单疏本、《毛诗》黄唐本、《左传》古钞卷子本，皆《考文》所未见，其他遗漏何怪焉？"又叶德辉《郎园读书志》谓以亨保刻本校阮氏《校勘记》，异处甚多。即校阮刻此书，阮刻亦时讹误云。若夫皇侃《论语》、魏征《治要》，《佚存》汇刻、《古逸》丛刊，虽已播诸士林，或亦未为定本。杨守敬《日本访书志缘起》云："皇侃《论语疏》、《群书治要》及《佚存丛书》久已传于中土，此录似无庸赘述。然皇疏有改古式之失，《治要》有钞本、活本二种，他如《古文孝经》、《唐才子传》、《臣轨》、《文馆词林》、《难经集注》，彼国亦别本互出，异同叠见，则亦何可略之？"案皇侃《论语义疏》为根本逊志(字伯脩，号武夷)所校刊，与山井君彝作《考文》同时，鲍渌饮据以覆刻。岛田翰《古文旧书考》所载《论语义疏》有历应钞卷子改折本、宝德钞本、永正钞本，云："根本伯脩所校刊，改换体式，一效邢疏，六朝旧容，杳不可知，学者惜焉。故清儒疑其体式非六朝人所作，实系足利雁鼎，又何可诿哉？"据岛田说，则伯偺改乱皇疏，幸有旧钞可证。孙诒谷《读书脞录》云：“皇侃《论语义疏》十卷，当南宋时已佚，故朱子亦未之见。近始与《古文孝经》、《孔传》并得之日本国中。尝取二书衡量之，则《孔传》雁而《皇疏》似真也。其中遗文佚事，若管仲夺邑之伯氏名偃、公冶长辨雀语、张石虎难夷齐之类，洵足以资多识而广异闻。且所采旧说数十家，标新领异，非唐以后人所能伪撰。然文经与今本多异，其合于史书征引者，似可择善而从，而流传既久，亦容有彼国人之窜改。如‘子行三军则谁与’，《释文》云：‘与皇音余。’而今本《义疏》云：‘若行三军，必当与己。’是仍读如字，而不音余也。‘子温而厉’，《释文》云：‘皇本作君子。’今《义疏》本仍作‘子’，吾不能无疑焉。好古之士当分别观之，而不徒震为异域之秘书，斯可已。”○案“与己”之言本出邢疏，或伯偺所改，其无‘君’字，亦疑伯偺去之，惜不得钞本一证之也。○《群书治要》唐魏征、虞世南、褚亮、萧德言等撰，事见《唐书·萧德言传》及《唐会要》、《玉海》。是书前有天明五年细井德民序，日本活字本伍崇曜刻入《粤雅堂丛书》中。《古文旧书考》云：“予以元和活字本对校秘府卷子本，稍有异同。方其入梓时，扑尘扫叶，固不为无功，然其间有原本不误却所妄改者。魏序‘乖得一之旨’，‘乖’上御本有‘弥’字；目录二十、三十、四十、五十等字，并作廿、卅、卌、𠦜。目录第卌二《盐铁论》《新序》，御本作《新序》《说苑》。第卌三《说苑》，御本作《盐铁论》《桓子新论》。第卌四《桓子新论》、《潜夫论》，御本‘桓子新论’四字无。第卌八《体论》《典语》，御本‘体论’下有‘时务论’三字。活字本‘贞’字皆阙末笔，御本不阙。‘乾，问以辨之’，又‘同人君子以类族辨物’，二‘辨’字御本并作辩。《屯》注‘莫善于建侯’，《贲》注‘乃得终吉也’，《习坎》注‘故得保其威尊’，‘侯’下、‘尊’下并有‘也’字，‘也’下有‘之’字。《蹇》注‘志匡王室者也’，御本‘匡’作‘廷’。《益》‘自上下’，御本‘下’下有‘下’字。《鼎》‘圣人以享上帝’，御本‘人’下有‘亨’字。《艮》注‘事光明’，御本‘明’下有‘也’字。《节》注‘为节过时’，御本‘时’作‘苦’。《中孚》注

‘柔有内’，御本‘有’作‘在’。《系辞》二字栏上，御本‘系辞’二字横书。御本‘圣人有以见天下之赜’云云句，直接上‘易行乎其中矣’句。‘存其位者也’，御本‘存’作‘在’。‘治容诲淫’，御本‘治’作‘冶’。御本‘《易》曰困于石据于蒺藜’云云，直接上‘禁民为非曰义’。又‘履，德之基’，别注‘能成可久可大之功’，‘基’下、‘功’下并有‘也’字。‘范围拟范天地’，御本‘围’下有‘者’字，‘以成化生’下御本有‘也’字。‘乘衅至而也’，御本‘至而’作‘而至’。又‘昔者圣人’以下四十一字，《说卦》文也，非《系辞》文也，而卷子本加之于《系辞》中，此恐错误。卷第二《尚书》‘虞舜侧微’以下，御本别行平头，‘侧’作‘仄’，注‘不有迷错嚮伏’，御本‘嚮’作‘謈’，案嚮文愆字。修身已其，御本‘其’作‘甚’。辩给之言，御本‘辩’作‘辨’。‘政事懋哉懋哉’，案今通行《尚书》此句见《皋陶谟》中，而‘帝曰吁臣哉邻哉’句则《益稷》之一节也，而今两相接，旧《尚书·皋陶谟》、《益稷》相连，今考御本又如此，乃知卷子本不但有异同，又可以知旧本之卷第矣。他异同极多，录具于《群书点勘》。”云云。**萧文休之《大义》，背记足珍**；萧吉《五行大义》，《唐志》作《五行记》，日人一色时栋得古钞本，刻之于《佚存丛书》中，鲍渌饮复刻之于《知不足斋丛书》。森立之《经籍访古志》所载有旧钞卷子本，云：“笔画古雅，多用六朝俗字，审是七百年外旧钞也。每卷背记满纸，引用诸书，如《玉篇》、《切韵》、《东宫切韵》，陆法言、长孙讷言、孙愐、郭知玄、韩知十、麻杲等韵书，近世失传者，得借以窥逸文，实罕觏之秘籍也。”岛田翰所记尤详，尚有曹宪、释弘演、薛峋、武玄之、王仁煦、祝尚丘、沙门清彻、孙伷及《韵略》之属。又谓今所传《五行大义》以是书为第一，高野山旧钞册子本次之，而一色时栋所刻则以重写旧钞本为蓝本。又云：“是书背记标记所引用古韵书，诚是吉光片羽，所宜宝重，乃并录之于下方，并以他旧钞本引用附焉，姑名之曰《吉光韵书》（文繁不录）。”〇案，王国维《唐诸家〈切韵〉考》甄录佚文甚详，而此所引则王氏所未及。岛田氏又谓：“他出于旧时钞写者，行间背记皆引古韵书，即如唐写《扬雄传》载

《韵诠》卷子本、《玉烛宝典》录《东宫切韵》,是也。外此,《新撰字镜》等古书亦多援引佚书,少有意于搜辑之,而匆匆以事未暇也,录之以为他日券。"杜台卿之《宝典》,阙篇可补。《古文旧书考》载有《玉烛宝典》卷子本,云:"黎氏《古逸丛书》本以影录秘府贞和钞本为蓝本,而卷第九则属阙逸。今是书装成卷子,相其字样、纸质当在八九百年外矣,而卷第九尚俨存,却佚卷第七后半。贞和本末卷往往用武后制字,余卷不悉然,今是书比之于贞和本,语辞更多,且通篇用新字,其数多至十三字,知其来此御本更在远也。闻侯爵前田氏又藏足本,惜未见。"○案此书多引蔡邕《月令章句》,叶德辉辑《章句》时据黎本录入,遂超旧日诸辑本上,而疏略实甚,有以刻本篇叶颠倒而不知为《章句》之文者,又脱"中央土"一段。岛田氏亦拳拳于蔡氏之书,录《宝典》第九卷于《群书点勘》中,苟取以补叶辑《章句》,正其佚脱,则善本矣。斯其最著者也。他如平叔《论语》,存天地何言之文;《古文旧书考》载《论语集解》嘉历钞卷子改折本云:"是书校之于正平本,除《公冶长》篇,盍各曰尔志,曰作云,少者怀之下,是本有'孔安国曰:怀,安也'七字。《阳货》篇:'天何言哉?四时行焉,百物生焉,天何言哉?'作'天何言哉?四时行焉;地何言哉?百物生焉。'"○案《经籍访古志》载《论语集解》旧钞本十余种,《日本访书志》亦载古钞卷子改折本,又日本正平刊本《论语集解》。杨氏谓其字体出于古卷轴,绝不与宋椠相涉,观邢氏疏《集解序》之语,(序云:"合集诸家之善,记其姓名。"邢疏云:"注言包曰、马曰之类是也。注但记其姓,而此连言名者,以著其姓所以名其人,非谓名字之名也。")则知其所见惟存姓削名之本,(此本不知始于何时,大抵长兴刊布之本。案《魏志·王肃传》注:周生烈为复姓。今但称周曰,其不学可知,及朱子作《集注》,沿其例,尽削所引诸家之名,遂至明道伊川不分。)并不悟何氏原本皆全载姓名,(唯包氏不名,以何氏讳咸故。)望文曲解,何殊郢书燕说乎?辅嗣《道经》,疑战胜凶礼之说。《古文旧书考》有《老子》嘉祯钞卷子本,云:"予幼时读《老子》,辄疑王弼之注八十一章，莫章无注，而独于三十一章阙之。又怪其有上将军偏将军及吉事尚左凶事尚右之语，又私陋注者之引《左传·昭公二十八年》阎没女宽言、《礼记·檀弓》及《左·桓八年》季梁言，曲护之也。岁二十，读秘府之《道藏》，而后始信兹章系于搀入，非其旧本面目也。王应麟《困学纪闻》引晁景迂云：'王弼注《老子》，知佳兵者不祥之器，至于战胜以丧礼处之，非《老子》之言。'而《道藏》本宋董思靖《道德真经集解》，于三十一章下则称王弼云：'此章疑非老子所作，然此语盖因时而发也。'又《道藏》本宋彭耜《道德真经集注杂说》卷上，亦载王弼注《道德》，以"佳兵"、"民之饥"二章疑非老子所作。此注今本皆佚，但嘉祯元年（当宋端平二年）钞卷子本独尚俨存，其阙佚久矣，予考三十章之义在论兵，即今之所谓三十一章者，当是三十章注语所搀入，误而为正文矣。"○案武内义雄《老子原始》引敦煌本《玄言新记》载王注，与董忠靖同，王氏之所疑未必是（别有辨），而今本遽删此注，亦非也。《戴记》旧疏，足考唐人所资；《籀庼述林》："《礼记子本疏义残本跋》云：群经义疏之学权舆于六朝，唐贞观群儒根据旧疏，缀集删定，以应敕旨，而遽尸其大名，实则平议之精审，援证之奥博，皆由于作奏之葛龚尔。六朝旧帙存者，惟皇侃《论语义疏》犹完具，而徐彦《公羊疏》或谓即徐遵明，则苦无确证。此外咸湮灭不传。是书为日本国岛田翰所得残本，仅存第五十九卷《丧服小记》半篇，疏中有灼案云云，岛田氏据《陈书·儒林传》定为郑灼钞皇疏为之。《隋志》所载之皇氏《礼记义疏》有二部，其九十九者即此本。滕原氏《日本国见在书目》，著录《礼记子本义疏》百卷为并目录数之，其考证颇详确。《隋志》不著灼名，而《陈书》灼本传亦不著此书子本之名，他书未见，疑即灼所题以别于皇侃原本者，子本犹别本云尔。大抵六朝经儒喜为钞集义疏之学，考隋、唐《志》著录一经多至数十家者，或不著姓名，或一人之书而有数帙，职是故也。灼为皇氏弟子，此本即全录师说，其所增补，或驳正他说者，皆著名以别之，则知凡不著名者皆皇义也。此实远胜唐人之乾没旧疏。其所援引马融、王肃、刘智、蔡谟、庾蔚之、贺玚、崔灵恩佚说甚多，尤足宝贵。唐修《三礼疏义》，孔氏《礼记》最为详博，即以皇氏及熊安生两家为蓝本，以此卷校之，剽袭之迹昭然，足以发冲远之覆矣。其《税服》疏义引《左氏·僖三十三年》传无礼则脱，服本作兑，注云：兑，不虑也，与杜本作脱异，今《孔疏》不载，近人采辑《左传解诂》者皆未见此条，亦可据以校文补阙，盖不徒礼服古籍，义存一二已也。”○案《古文旧书考》具载全文，岛田彦祯谓：隋唐之际，流俗诵灼书，误赵侃名，大谬。皇、郑各自为书，郑就皇疏补加案语，不得云非侃作也。萧《选》注家，遂超六臣以外。日本所传钞本《文选》，有三十卷无注本，有百二十卷集注本。其三十卷本，则《红箱访古志》载《文选》零本一卷，云：见存本第一卷一轴，首有显庆三年李善《上文选注表》、梁昭明太子撰《文选序》，后接本文，题《文选》卷第一赋甲，次行京都上、班孟坚《两都赋》二首并序、张平子《西京赋》一首。界长七寸五分，辐一寸，每行十三字。卷末隔一行题“文选卷第一”，不记钞写年月，卷中朱墨点校颇密，标记旁注及背记所引有陆善经、善本、五臣本、《音诀》、《钞》、《集注》诸书及今案云云语，考字体墨光当是五百许年前钞本。此本无注文，而首冠李善序，盖即就李本而单录出本文者。又旧钞卷子本《吴都赋》数纸，云：当亦依李善本录出者。《古文旧书考》载残卷子本《文选》二卷，云：经称九经，集首《文选》。是先民之所以户诵家传不措，而师授之重，守之如律令，因仍习袭，从而不改。呜呼！师道之尊，其学之司命与？学而无师，犹不学。汉儒虽不逮古，而师资之益犹汲汲焉，经魏晋至六朝，师传之不绝如线，及唐而尽矣。依是观之，九经之有师授，其事已足以千古。而我则自诸子集部之末，其读法之异，句法释义之别，皆有所授受，是方俗之所以谨厚不敢为高明，而旧本之所以至今不亡也。《文选》之见于史者，以《续日本纪》为首，曰：袁晋卿唐人也，天平七年（当唐开元二十三年），从遣唐使来归，通《尔雅》、《文选音》，因授太学音传士。又延历十七年（当唐贞元十四年），太政官宣载（《史记抄》引之）大学生年十六以下欲求史学者，先令读《尔雅》、《文选音》（中略）。夫其流传如此其久也，其诵习又如彼其盛也。宜乎《文选》之旧本其流传极多，予所观尚有数通，然皆非五臣本则六臣本，而单行则唯此书一通而已。是书今所存仅二卷，而依其卷第考之，则盖为三十卷本。三十卷本者即萧统之旧也，且无注文，而其所载本文则凿凿与李善本符，是其为李善所原之蓝帙也可知矣。《西溪丛语》有宋玉《神女赋》讹误云：后人谓襄王梦神女非也，今本《文选》玉、王字差误，姚宽在宋已以为当时误传，而宋本、今本皆以为王梦神女。今观此本所存《神女赋》，王与玉正与今本相反，盖梦之者宋玉，问之者即襄王也，文义于是始归于正矣。校勘之不可忽，而古文旧书之不可不贵，如此。《日本访书志》载古钞《文选》一卷，云：此即日本森立之《访古志》所载温故堂藏本也。后为立之所得，予复从立之得之。《访古志》云云（见上）。守敬案，此一与森说合，然谓就李本单录出者，则非也。今细案之，此本若就李本录出，李本已分《西京》为二卷，则录之者必亦二卷。今合三赋为一卷，仍昭明之旧，未必钞胥讲求古式如此。《东都赋》"子徒习秦阿房之造天"标记云："善本'秦阿'无'房'字，五臣本'秦阿房'，或本又有'房'字。"今以善本、五臣本合校此本，此不从善本出之切证也。又篇中文字固多与善本相合，然亦有绝不与善本合者。（善之学识精博，迥非五臣所及，五臣又后于善注，更经传钞，宜其多谬也。）《西都赋》无"众流之隈，汧涌其西"八字，与《后汉书》合，与陈少章说合。"度宏规而大起"，王怀祖谓善本作"庆"，今善本作"度"者，以五臣乱之，其说是也。此本作"度"，与《后汉书》合，亦见其非从善本出也。"平原赤土，勇士奋厉"标记云："此二字陆有之，又鹿本有之，师说无'土'、'奋'字，五臣无此二字。"案今善本亦无此二字。《东都赋》"乃动大路"，不作"大辂"，与两本皆不合。"其诗曰"下即接"于昭明堂"云云。其《明堂诗》、《辟雍诗》、《灵台诗》、《宝鼎诗》、《白雉诗》各题皆在各诗之后，与《三百篇》古式同。今各本题皆在诗前，非也。各本有"嘉祥阜兮集黄都"，此本无此句，与《后汉书》合。《西京赋》"缭亘绵联"标注云："本注，'缭亘，犹绕了也。’臣善曰：‘亘’当为‘垣’。”然则薛注本作“缭亘”，善注本始为“缭垣”，此本作“亘”，又足见其本在善未注之前也。“衍地络”标记云：“陆曰：‘臣善以善反，申布也。’”又记云：“‘衍’五臣作‘之舒布也’。”按，《集韵》：“㳂，申布也。”则善本作“㳂”，五臣作“衍”，此与五臣合。今善本作“衍”，非也。“独俭啬以偓促”，今各本作“龌龊”，不相符。盖日本钞古书，往往载后来之笺注序文，如《孝经》本是明皇初注本，而载元行冲《孝经疏序》。其他经书经注本，又往往载孔颖达之疏于栏格上，盖为便于讲读也。钞此本者固原于未注本，而善注本已通行，故亦以冠之也。《访书志》又载古钞残本二十卷，云：古钞无注《文选》二十卷，阙 、二、三、四、十一、十二、十三、十四、十七、十八卷，存二十卷。《文选》本三十卷，李善注分为六十卷，五臣仍三十卷。自后蜀毋昭裔刻五臣注三十卷，北宋刻善注合于五臣，其卷则从善注。两本所据之本多不相合，虽略注异同，亦时多漏误。逮尤延之刻善注，又从五臣本抽出。故两本互乱之处遂不能理，其详已见鄱阳胡氏之《考异》。此无注三十卷本盖从古钞卷子本出，并非从五臣、善注本略出。何以知其然？若从善注出，必仍六十卷。若从五臣出，其中文字必与五臣合。今细校之，乃同善注者十之七八，同五臣者十之二三，亦有绝不与两本相同，而为王怀祖、顾千里诸人所揣测者。又有绝佳之处，为治“选学”者共未觉，而一经考证，旷若发矇者。盖日本所得中土古籍，自五经外，即以《文选》为首重，故其国唐代曾立《文选》博士（见其国《类聚国史》）。今古钞卷子残帙，往往存收藏家（余亦得二卷）。此本颇有虫蚀，相其纸质、字体，当在元、明间。旁注倭文，又校其异同。其作“亻”者，即“作”字之半，皆校者之省文，与卷子本《左传》同。其款式则首行题“《文选》卷第五”，旁注“赋戊”，下题“梁昭明太子撰”。以下一卷子目与善本合，五臣本每卷不列子目，而以总目居前，非古式也。每半叶八行，行十七字，字大如钱，必从古卷抽出也。今中土单行善注原本已不可得，尚何论崇贤以前。其中俗字不堪缕举，然正惟其如此，可以深信其为六朝之遗。今为出其异同(别详),世有深识之士,为之疏证,当又为治"选学"者重增一公案也。〇案杨氏所举《西京赋》"缭亘緜联"一条、"衍地络"一条标记,俱本是臣君曰,非臣善曰。又"相羊乎五柞之馆"标记云:"相羊,仿羊也。臣君云:'聊遥逍以相羊。'"亦作臣君,不作臣善也。木玄虚《海赋》,"朱燉绿烟,䁟眇蝉蜎"下,钞本多"珊瑚琥珀,群产相连,砗磲马瑙,渊积如山"四句。黄季刚跋徐君行可所藏钞本云:"《海赋》多出十六字,不但六臣所无,何、余、孙、顾所未见,即杨翁藏此卷子于箧,衍数十年,殆亦未发见矣。岂徒《神女》玉、王互讹,证存中之妙解,《西京》戈、弋不混,验屺瞻之善雠乎?且崇贤书在,北海解亡,此编原校引书独有君臣之说,是则子避父讳,其为北海之作,焯尔无疑。陆善经见之,卷子引之,逸珠盈椀,何珍如是?行可能藏,侃能校,皆书生之幸事也。"承周案,徐本即得于杨氏者,黄氏谓臣君为北海称崇贤语甚确。《文选》任彦升《奏弹曹景宗文》,首言"御史中丞任昉稽首言",古钞本任昉作"任君"。(篇末亦有"臣君稽首以闻"句,刊本无之。)《奏弹刘整》,文首亦言"御史中丞臣任昉稽首言",《集注》本任昉作"任君"。《文苑英华》载徐陵《与章昭达书》,首称"君白",末称"徐君呈";《答周处士书》、《答诸求官人书》,末并称"徐君白",此皆沿其家集避讳不改,可互证也。又《头陀寺碑文》"信荆南之奥区,楚都之胜地也",今各本皆脱"荆南之奥区"五字,惟此本有之。《西都赋》篇题上有标记云:"挚虞《流别集》云:'《两都》精而辨,《二京》恢而富。'"("恢"原作"伋",案《南齐书·陆厥传》云:"孟坚精当,《咏史》无亏于东主;平子恢富,《羽猎》不累于冯虚。"盖即祖述仲治之言,今据改。)严景文辑本无此条,亦无愧一字千金之目,此皆黄氏所未及,故表出之,其他文字之异不复覼缕也。〇其百二十卷本,则《经籍访古志》载旧钞卷子本,云:见存第五十六、第百十五、第百十六,合三卷。每卷首题《文选》卷几,下记"梁昭明太子撰"及"集注"二字。界长七寸三分,幅九分,每行十一字,注十三四字。笔迹沉着,墨光如漆,纸带黄色,质极坚厚,披览之际,古香袭人,实系七百许年旧钞。注中引李善注及五臣、陆善经《音决钞》诸书，注末往往有“今案”语，与温故堂藏旧钞标记所引合。就今本考之，是书似分为百二十卷者，但集注不知出于何人。或疑皇国纪传儒流所编，注者与其所引陆善经《音决》、《钞》等书逸亡已久。（陆善经注《文选》，编检史志，不载其目。考藤原佐世《见在书目》：《文选音决》十卷，公孙罗撰；《文选钞》六十九卷，公孙罗撰。又载《文选钞》三十卷，阙名氏，未知孰书。第一百十五卷首题云：今案钞为郭林宗。）今借以存其厓略，岂可不贵重乎！小岛学古云：此书曾藏金泽称名寺，往岁狩谷卿云清川吉人一阅。归来，为余屡称其可贵。而近岁已归于赐芦之堂，故得纵览。此本曾在金泽而无印记，当是昔时从他假借留连者矣。近日小田切某又得是书零片二张于称名寺败簏中，一为第九十四卷，一不知卷第，今归僧彻定架中。闻某氏亦藏第百二卷，他日当访之。罗振玉印《文选集注》残卷，叙云：“日本金泽文库藏古写《文选集注》残卷，往在京师得一卷，珍如球璧。宣统纪元再游扶桑，欲往披览，匆匆未果。乃遣知好往彼移写，得残卷十有五，其本归武进董氏，予劝以授之梓，董君诺焉。予以与善注本详校，异同甚多。予先后得二卷，东友小川简斋君得二卷，海盐张氏得二卷，楚中杨氏得一卷，今在文库者多短篇残纸而已，其海东藏书家尚存几许，则不可备知也。予所藏二卷即就原本印之，不复传写，以存其真。张氏藏卷闻将自印于上海，乃去此二卷，仍得十有六卷，乃稍稍可流传矣。然距影写时则已十年，其卒得印行亦幸也。诸卷中，其第百十六前半据东友所藏誊写小字本钞补，小字本至‘元戎启行衣冠未缉’注止，而原本则自‘衣冠未缉’二句起，此二句之注，两本详略互异，不知他注何如，惜无从比勘。似此书原本外尚有誊写别本，且与此本有异同，而未闻东邦学者言及之，附记于此，俟他日访焉（目略）。”〇案，罗氏印行者十有六卷，今日人新印者十五卷，其五卷在罗本外。《旧唐书·儒学·曹宪传》云：初江淮间为《文选》学者本之于宪，又有许淹、李善、公孙罗，复相继以《文选》教授，由是其学大兴于代（《新唐书》略同，惟增魏模）。又云：公孙罗，江都人也，历沛王府参军、无锡县丞。撰《文选音义》□卷，行于代。又《经籍志》云：《文选》六十卷，公孙罗撰；又《文选音》十卷，公孙罗撰（《新书》略同）。以日本藤原佐世《见在书目》证之，则钞本及《集注》所引钞曰，即《唐志》六十卷本也，所引《音决》，即《唐志》之《文选音》也（《崇文总目》：《文选钞》十二卷，未知谁书）。惟《见在书目》称《文选钞》六十九卷，与《唐志》异，或九字误衍，或后人所附益。公孙罗与崇贤并世，俱以选学著称，而中土久失其书，学者几不能举其人。其遗说之见于中土书籍者，惟《南都赋》注一条见引于《刘宾客嘉话录》（《唐语林》引，以上下文例之，知为《嘉话录》）。而此残卷则所存独多，其功大矣。陆善经，两《唐书》无传，《志》亦不载其书。开成石刻，李林甫等《进月令注表》，称同撰注人有河南府仓曹参军陆善经（注《月令》事亦见《新志》子注中，无衔名）。日本古钞卷子本《蒙求》，载李良《荐蒙求表》，后有题识云“天宝五年，八月一日，饶州刺史李良上表，令国子司业陆善经为表”云云，则善经先为河南府仓曹参军，后官至国子司业也。《新志》子部有陆善经《注孟子》七卷，陆善经删赵注，见《崇文总目》（孙奭《孟子音义》多引其说，马竹吾辑本，不云详何人，疏矣）。其注《文选》事，则《玉海》五十四引《集贤注记》云：开元十九年三月，萧嵩奏王智民、李元成、陈居注《文选》。先是，冯光震奉敕人院校《文选》，上疏，以李善旧注不精，请改注，从之。光震自注，得数卷，嵩以先代旧业，欲就其功，智明等助之。明年五月，令智明、元成、陆善经专注《文选》，事竟不就。盖善经初受命与王、李同注，后乃发愤独成之也。日人新印本佚出罗本外者五卷，未得校其异同，略举罗氏所印，胜于中土旧本者数事。江文通《杂拟》（王侍中粲）“严风吹若茎”（五臣“若”作“枯”），李注引贾逵《国语注》曰：“若，木晚矣。”诸本并同。《集注》本正文作“苦茎”，注作“苦，木脆也”，此《齐语》辨其功苦之注，今韦解即用贾义。五臣作“枯”，枯、苦音近，吕向曰：“枯木之茎，喻危脆也。”义亦不异。今本讹乱不可解。汪小米辑《国语三君注》，于此文遂不知所附丽矣。又如任彦升《奏弹刘整》文，氾毓字孤，家无常子，注引王隐《晋书》："氾毓字稚春，济北人也，敦睦九族，青土号其家儿无常母，衣无常主也。"各本皆同。《集注》本"青土"作"兖土"，考《晋书·地埋志》：济北郡属兖州，不属青州也。其他异同甚众，不可殚述矣。敦煌所出，亦有唐写《文选》残卷，详下。《左传》则溯遗迹于清原。岛田翰《古文旧书考》云："旧钞卷子本《春秋经传集解》者何也？六朝之遗经，而王段吉备氏之所赍，音博士清原氏世世相传以授于北条氏者也。迩来历世既久，六朝隋唐之遗卷丧脱殆尽。其幸而出于兵火之余，免于蠹鱼之厄，仅存于今日者，有若《论语义疏·述而》篇，有若《汉书·食货志》及《扬雄传》，邦人所传写，则又有若《礼记子本疏义》卷第五十九，若《群书治要》残本四十七卷，及若《文馆词林》，皆是当日使臣所赍而来。装成卷子，实存六朝之旧容，其断简零编，犹可宝弆。而是书三十卷巍然独若灵光之存，岂非至宝哉？盖经文之存于今日者，唐《群书治要》、开成石经、陆元朗《释文》、孔冲远《正义》为最古，而是书较诸四本颇有异同，往往与汉晋古籍所引合，又多与陈隋人所载符，则其为六朝之遗经，而非唐本亦司知也，而其精者又非石经《释文》所能及。即如年首经传二字皆在栏上，是始合经传时所题以别之，其在栏上，体例固当然也。开成之刻于石既无栏界，故连书之。而北宋以来刻本皆人诸栏内，与本经无别。僖二十八年《传》：'曹人凶惧。'石经以下皆同，而是本作'凶凶惧'，注云：'凶凶恐惧声'，而与《荀子》'听漠漠以为啕啕，韩子是何匈匈也'句例正同，然则魏晋传本之必作'凶凶惧'亦以明矣。是书之存，始可以得读杜注矣。三十三年《传》：'不替孟明，孤之过也。''明'字下有'曰'字，与《文选·西征赋》注及《白氏六帖》所引同，盖不替孟明曰，乃记者之词，而自'孤之过也'以下方是穆公语也。自开成石经始脱'曰'字，而宋本以下皆沿其误，不知复有'曰'字也。隐元年《传》：'其乐也洩洩。''洩洩'作'泄泄'，此唐已前未避讳之验。襄二十八年《传》：'武王有乱臣十人。''乱'下无'臣'字，与《论语释文》符，可为攻伪古文者增一左证。"（唐石经《尚书》原无

"臣"字，说见上，以攻作伪者，作伪者不受也。)《日本访书志》云："初，森立之为余言，日本惊人秘籍以古钞《左传》卷子本为第一，称是六朝之遗，非唐、宋本所得比数。此书藏枫山官库，不许借出，恐非外人所得见。余向书记官严谷修访之，则云遍觅官库中未见。余深致惋惜。乃以所得小岛学古所摹第三卷首半幅刻之《留真谱》中，冀后来读者访之。立之又为言，此书不容遗失，具道是如何椟藏之状。复以白严谷。忽一日来告云，此书无恙。余即欲借出一观。严谷云：'此非吾所敢任。'余谓贵国有此奇书，韫椟而藏，何如假吾传录于西土，使海内学者得睹隋唐之遗，不犹贵国之光乎？严谷展然，即遍商之掌书者借出，限十日交还。书至，果卷子三十，无一残阙，纸质坚纫，盖黄麻也。每卷有'金泽文库'印，卷后有建长八年参河守清原、建保三年清原仲光、文永五年音博士清原等校勘题记。余乃倩书手十人至寓馆，穷日夜之力，改为折本，影钞之，刻期书成。其中异同，真令人惊心动魄。多与陆氏《释文》所称一本合，真六朝旧笈也。其有《释文》不载，为唐石经、宋椠本所夺误者，不可殚述。今第举一二大者。如昭公二十七年《传》：'夫鄢将师矫子之命，以灭三族。三族，国之良也。'今各本不叠'三族'二字，得不谓是唐石经以下之脱文乎？如庄十九年《传》：'鬻拳可谓爱君矣。'注：'楚臣能尽其忠爱，所以兴。'各本'楚'下无'臣'字，尚可通乎？又如隐九年《传》：'衷戎师。'注：'以过二伏兵。'各本'过'作'遇'，山井鼎所见兴国本亦作'遇'，旁注'别本作过'，盖校者据此本耳。而阮氏《校勘记》非之。窃谓此一字千金也。盖祝聃引戎师，超过二伏兵，至后伏兵，后伏兵起，戎还，二伏兵御其前，后伏兵击其中，祝聃反逐其后。故注云：'前、后、中三处受敌。'衷戎师之情暴如绘。若初即已遇见二伏兵，戎师不斗即还走矣，安得更随祝聃至后伏兵处乎？此得不谓宋椠以下妄改乎？至如何义门所据'死而赐谥'，古刻多然，此类不足称说矣。"杨《志》又载有《左氏春秋》残卷云："自昭公二十七年《传》'惠已甚'起，至三十二年'民忘'止。相传为唐人笔，书法精美，纸用黄麻，信奇迹也。

注文脚多‘也’字，余别有详校本，今录其最异者：经文‘二十’、‘三十’、‘四十’并作‘廿’、‘卅’、‘卌’。注‘令终阳匄’作‘阳匄正子’也。注‘子梁，宋乐祁也’，‘祁’下有‘犂’字。《传》‘乃辞小国’，‘乃’作‘则’。《传》‘以灭三族，国之良也’，‘三族’二字叠文，按文义，则不叠非也，自唐石经以下皆脱。《传》‘是瓦之罪’，‘罪’下有‘也’字。‘晋祁胜与鄔臧通室’，‘鄔’作‘鄥’，与石经合；‘民之多辟’，‘辟’作‘僻，与《释文》合。注‘母氏性不旷’，‘不旷’作‘不广’。《传》‘忿纇无期’，‘纇’作‘類’，与《释文》一本合。《传》‘共子之废’，‘共’作‘恭’，上有‘与’字，按文义，有‘与’字为长。《传》‘闻其声而还’，无‘其’字。《传》‘为郧大夫’，‘郧’作‘鄖’，上下注同，与石经合。‘御以如皋’，‘皋’作‘睪’，古字通。二十九年《传》‘塹而死’，‘塹’作‘壍’，注同。《传》‘能饮食之’，‘之’作‘龙’。《传》‘赐氏曰御龙’，‘龙’下有‘氏’字。注‘在襄二十四年’，‘在’上有‘事’字。三十年《传》‘有所不获数矣’，‘数’上有‘礼’字。《传》‘吴子问于伍员’，‘伍’作‘五’；‘楚执政众而乖’，‘政’下有‘者’字。‘以待子察也’，‘察’上有‘之’字。按，唐石经此行计九字，是原刊有‘之’字；‘亦唯君’作‘唯命’。三十一年：‘秋，吴人侵楚。’‘人’作‘子’。‘莒牟夷’注：‘在五年’，作‘在二十五年’。”《蒙求》则征旧文于李瀚。《日本访书志》载古钞《蒙求》一卷，云：“李瀚《蒙求》，《唐志》不著录，《崇文总目》始载之。案《唐志》有王范《续蒙求》三卷，则知必有李瀚书，传刻者脱之。日本所传本有二种：一为旧注本，即李瀚自注；一为徐子光补注本。自补注本行，而旧注本遂微。宽政十二年，有龟田兴者觉旧注本虽不出书名，而所引多逸闻逸事，知其必有根据，因复据传钞数本校刊之。谓‘范张鸡黍’出于谢承书，‘贺循儒宗’出何法盛《晋中兴书》，‘刘宠一钱’出司马彪，‘李充四部’出臧荣绪，而旧注未举书名。徐子光不推究其根源，唯据范蔚宗书、唐修晋史，私用芟薙，擅自增损云云。所诋颇中其失。独怪李瀚作《蒙求》而自注之，当必原委粲然，如吴淑之自注《事类赋》，岂有不注所出，开学者饤饾之门，唐人无是也。余乃得此古钞本一卷，其原系用墨丝栏作卷子本，后乃裁改折本，字体古雅，墨色沉厚，绝似古钞《玉篇·放部》及卷子本《左传》，相其笔迹，当在唐宋间。有补家藏书印，亦不知为人。首李良表，表后题'天宝五年八月一日饶州刺史李良上表，令国子监司业陆善经为表，表未行而良授赞事（疑当是'受替'，'事'字下属）。因寝'。次李华序，而不出华名，但题'《蒙求》本序'。下题'安平李瀚撰并注'。其序文又截'《周易》曰'以上不录。按李良表明称有李华序，此本截之者，当是钞者省略。首题'《蒙求》上卷'，自'王戎简要'起，至'蔡邕倒屣'止，盖通为上、下二卷（各本皆作三卷）。篇中每注皆出书名，今略举其大者：序文、王子渊《洞箫赋》及'马援铜柱'，'渊'字并作'泉'，此足为唐钞之证。'杨震关西'引《东观汉记》，'博望寻河'引《汉书》，无'遂得支机石归'六字。'梁习治最'引《魏志》。'贾谊忌鹏'引《史记》，无'字士休'三字。'时苗留犊'引《魏略》。'太叔辨给'引《世说》。'王纯绣被'引《益部耆旧传》。'孟轲养素'注'浩然之气'，'浩'作'皓'，下有项岱曰：'皓，素白也，如天之气皓然也。''南郡犹怜'引《妒记》。'崔烈铜臭'引《九州春秋》'烈字休明'。'齐后破环'引《春秋后语》。'胡成推缣'引《晋阳秋》。'江淹梦笔'引《宋略》。'蒋诩三经'引《三辅决录》。'西施捧心'引《庄子》。'孙寿折腰'引华峤《后汉书》。'灵辄扶轮'引《类林》。'逸少倾写'引《卫珍别传》。'澹台毁璧'引《搜神记》。'江逌爇鸡'引《晋中兴书》。'交甫解佩'引《韩诗内传》。'任座直言'不作'翟璜'。'苏韶鬼灵'引王隐《晋书》。'柳下直道'引《列士传》。'井春五经'引嵇康《高士传》。'顾恺丹青'引《续晋阳秋》。'丁固生松'引《会稽录》。'宁戚扣角'引《三齐略记》，无'中有鲤鱼长尺半'八字。'庞统展骥'引《襄阳耆旧传》。'仇览栖鸾'引《陈留耆旧传》。篇中引《东观汉记》及《世说》尤多。凡所引与旧注详略大异，不可缕举。余意此书在唐时必多童蒙诵习，乡俗钞写，惮其烦文，遂多删节。其后并所引书名略之，至宋徐子光不见有书名之本，但见其文与事与见存书多异，又未能博考类书传记，遂就见存书史换之，故往往有与标题不符。亀田兴虽觉其有异，然其学亦未博赡，不能一一注其所出。得此本，始恍然李氏原书，卓然大雅，惜仅存上卷，不得为完璧耳。”〇按森《志》载旧注《蒙求》三通，杨《志》于此本外尚有《古注蒙求》二通、《蒙求补注》一通，惟此本最善。

择本下第十（阙）

取材第十一（阙）

杂述第十二（阙）

附录一　《周易疏》校后记

群经注疏，自阮本行而旧本都晦。流俗相传，师弟相诏，皆谓其源出宋刊，旁有圈识，附列校记，备载异同，以为极便学者。不知阮刻实非善本，其《周易疏》为尤谬。盖自有经疏以来，瞀乱之本，无过于此者。

阮本初出时，钱警石喜得其书，至形诸梦寐，而惜其小有舛误。见《曝书杂记》。芸台之弟子严杰及其子阮福，亦有异论。杰之言曰：

> 注疏之善册未有过于十行本者。若毛氏汲古阁本，阙佚错讹，棼不可理。十行本初次修板，在明正德时，即日本山井鼎《七经孟子考文》所载正德本，非别有正德注疏本也。正德后递有修改，误书棘目，不若毛本多矣。近来南昌重刻十行本，每卷后附以校勘记，董其事者，不能辨别古书之真赝，时引毛本以订十行本之讹字，不知所据乃续修之册。更可诧异，将宫保师《校勘记》原文，颠倒其是非，加"补校"等字。因编《经解》，附正于此。知南昌本之悠谬有如是夫。学海堂本《周易校勘记》卷一后严杰识语。

福之言曰：

> 此书尚未刻校完竣，大人即奉命移抚河南。校书之人，不能如大人在江西时细心。其中错字甚多，有监本、毛本不错而今反错者，要在善读书人参观而得益。《校勘记》去取亦不尽善。故大人不以此刻本为善也。《揅经室三集》卷二《江西校刻宋本十三经注疏书后》附阮福识语。

阮福语，《雷塘庵弟子记》亦载之；叶廷琯《吹网录》备录其语，谓服膺是书者不可不知此论；叶德辉《郎园读书志》亦录之以谂学者。盖芸台去赣，委其事于卢氏宣旬。书既刻成；旋觉其谬，度当世学者，必多訾謷之言，严杰、阮福之所以亟为剖白，盖芸台之意也。阮氏《校勘记》极为翁方纲所诋，陈寿祺为之辨，见《左海文集》，陈亦阮氏弟子也。

然归狱卢氏，实有不尽然者。南昌本之误字，不见于阮氏《校记》与卢氏《补校记》者，此校刻之疏，其过卢氏尸之。此指初印本言，若道光、同治两次修补，续增误字，则非卢氏之咎。误字之见于卢氏《补校记》，而闽、监、毛本皆不误者，此底本之谬，其过当由阮氏、卢氏分任之。盖阮氏作《校记》时所据之十行本，与卢氏校刻时所据之十行本，印有先后；卢氏所据之本至劣，凡阮所据校之本未尝脱误者，卢氏据刻之本辄多脱误，故为《补校记》以明之。然阮氏既以校刻之任畀卢，即当以己之底本付之。今观卢氏《补校记》所列，其本乃远下于毛本。其为阮氏付与耶？阮氏固不当以谬本与之。非阮氏付与耶？阮氏又不当吝己之底本而不与，使此巨大工役，悉掷虚牝也。

故吾谓其过不专在卢氏也。

至阮氏据校之十行本，虽胜于卢氏据刻之十行本，而亦非善本。《铁琴铜剑楼书目》载宋刊本《周易兼义》九卷、《略例》一卷、《音义》一卷，云：

> 阮氏谓十行本无《略例》，盖其所藏适阙，遂认为无耳。

又云：

> 阮氏《校勘记》、南昌府学重刊宋本，皆据是书，方盛行于世。顾以是本核之，颇多不同。其不同者，是本往往与家藏宋单注本、宋八行注疏本及《校勘记》所引岳本、钱本、宋本合。阮本多误，同闽、监、毛本均是十行本，何以违异若此？盖阮本多修板，其误皆由明人臆改；是本修版较少，多可借以是正。

案：瞿镛作《校校勘记》以订阮氏之误，如：

> 阮本《八论》第二："王辅嗣等以为伏羲画卦。"《校勘记》云："闽、监、毛本同。卢文弨云：'当作重卦，画字误。'"据《群书拾补》，此文弨弟文韶之说，阮语误。《校校勘记》云："十行本重不误画。"案：宋刊单疏本、日钞单疏本并作重。
>
> 阮本《乾·上九》疏："大而极盛。"《校勘记》云：

“闽、监、毛本同。宋本大作天。”《校校勘记》云：“十行本天不误大。”案：宋刊单疏本、日钞单疏本并作天。

此例甚多。是阮氏据校之本，误同闽、监、毛本者，非十行本本然也。第瞿本自云“修板较少”，则亦有修补之失。闻盛氏图书馆藏宋刊十行本视瞿本尤完备，见刘承幹刻日钞单疏本跋文。是阮氏所据之底本已不足据，更何责于卢氏耶？

况所谓“十行本”者，即使如盛氏、瞿氏所藏，胜于阮氏所据之本则有之，夷考其实，则亦宋代极谬之本。闽本出于十行本，监本出于闽本，毛本出于监本，特误字滋多耳。其行款次第，固无移易。严厚民所谓“注疏之善册，未有过于十行本者”，亦未尝细审也。今以单疏本校十行本者，知其大谬有六，而文字之误不与焉：

一曰：改易卷第也。孔氏《正义序》云：“凡十有四卷。”《旧唐书·经籍志》、《郡斋读书志》所载并同。新书“四”讹“六”。八行本止十三卷，特除篇首《八论》不计耳，于孔氏次第未尝改也。今刻孔氏之书，而分析其卷第以传合单行注本，其谬一也。

二曰：分割疏文也。孔氏密察经文，分段作疏。释经既毕，乃释注文。词有伦脊，非可紊也。八行本以疏隶经，悉仍孔氏之旧。十行本则割截孔氏一段为数段或十余段，如《乾·文言》疏，孔氏以“九三曰”至“虽危无咎矣”为一段，十行本则割“九三曰”至“可与存义也”为一段，割“是故居上位而不骄在下位而不忧”为一段，割“故乾因其时而惕虽危无咎矣”为一段：全书准此，不复具陈。孔氏释经之文既遭割截，其释注之文，原附于释经之后者，因随注割隶，反移于前，释经之文，遂处于后。次第既乖，乃致文义鹘突。如《文言》疏，孔氏以“乾元者始而亨者也”至“云行雨施天下平也”为一段，十行本则割截首二句为一段，余为一段。孔释首二句之注，本系于“天下平也”之后，故附释六爻发挥之义，引《略例》以明之，今割释注之文以隶首二句，而疏中所释六爻发挥之义，其经文在后，何为于此豫释？故山井君彝云：

> 从此以下，解下文者，乃误在此。但宋板每章通为一节，间不杂疏，故无此误。《考文》，山井斥毛本、十行、闽、监并同误。

此因分割而致颠倒，其误二也。

三曰：文理不贯也。如《观卦·彖传》“彖曰大观在上”至“天下服矣”，疏文通为一段，中有云：

> 今大观在于上，又巽而和顺，居中得正，以观于天下，谓之观也。

“又”字乃联属之词。十行本割“今大观在于上”句隶正文“大观在上”之下，割“又巽而和顺”以下隶“天下服矣”下，加“正义曰”三字，而“又”字不可为起语，遂直删之，使孔疏文义全失。故卢抱经云：

> 毛本于此谓“今大观在于上”句。截断，实不通之至。

下文“又顺而和巽”云云，本相连属，毛本乃删去“又”字，分作下段。举此以例其余，则知官本之为善也。《群书拾补》。阮《校记》云：“闽、监、毛本与十行本同，钱本、宋本‘顺’上有‘又’字。案此疏本与上疏相连，割裂分属，故删‘又’字。”案宋刊单疏、日钞单疏并有“又”字，官本亦有。

又如《说卦传》：“神也者”至“既成万物也”，疏文通为一段，中有云：

故此之下不复别言乾坤，直举天子以明神之功用，故曰：鼓动万物者莫疾呼震云云。

此“故曰”二字乃承上之词，十行本割截“故曰”以下别为一段，标“正义曰”三字，因“故曰”二字不可为起语，遂直删之，亦使孔疏文义全失。故海保渔村云：

今本移“鼓动万物者”以下于经“动万物者”后，删“故曰”二字，终使文义不明，《校勘记》不知是正，坐不见此本日钞单疏本。故也。《周易校勘记举正》。案阮《校记》云：“钱本、宋本与上疏相连，故无‘正义’二字，但作‘故曰’二字。”卢氏《拾补》说同。宋刊单疏本作“故曰”。

合二事观之，可谓谬妄之极矣。此因分割而害文义，其误三也。

四曰：多所脱漏也。如《观卦》卦辞：“观盥而不荐。”孔疏释之云：

荐者，谓既灌之后，陈荐笾豆之事，其礼卑也。今所观宗庙之祭，但观其盥礼，不观在后笾豆之事，故云观盥而不荐也。

十行本脱“其礼卑也今所观宗庙之祭但观其盥礼不观在后笾豆之事”二十四字，宋刊、日钞两单疏本并不脱，官本亦有，惟出于十行本之闽、监、毛、阮，并袭其误。卢、阮俱不言钱本异同，岂钱本亦脱邪？抑有之而失校耶？又如《咸卦·九三》疏云：

正义曰：咸其股执其随往吝者，九三处二之上，转高至股。股之为体，动静随足。进不能制足之动，退不能静守其处。股是可动之物，足动则随，不能自处，常执其随足之志。故云咸其股执其随。施之于人，自无操持，志在随人，所执卑下，以斯而往，鄙吝之道，故言往吝。

此段十行本全脱。刘校记云“共八十九字”，盖不计“正义曰”三字及覆举经文之九字也；阮校记云“九十八字”者，并覆举经文九字计之也；陈简庄跋文云“百一字”者，并“正义曰”三字计之也。两单疏本、官本并不脱。阮校亦据钱本、宋本录之。此因分割而致脱落，其误四也。

五曰：以注为疏也。《观卦·六三》疏文，十行本移隶爻辞之下，而将小象下注文“处进退之时以观进退之几未失道也”十五字，改作疏文。阮氏云：

> “处进退”至“道也”十五字，岳本、钱本、宋本、古本、足利本并作注文，案涵芬楼景宋本、孟森景宋本亦有此注文。十行本以下误为正义，因衍“正义曰”三字，非也。《校勘记》，卢氏《拾补》说同。

今检两单疏本并无此疏。此因分割而致混淆，其误五也。

六曰：妄改标题也。十行本于孔疏之文，既分割一段为数段或十余段，则与孔疏所标起止不合，遂一切改之，使孔疏无完肤。其最谬者，孔疏原文，于每爻之下爻象兼释。八行本隶全疏于小象之后，是也。十行本必分爻象之疏为二，其疏文之详爻而略象者，悉移隶于爻辞之下，而小象无疏，遂直联下爻。其所标起止，遂致上爻之象与下爻之经牵混为一。如《随卦》：

> 九五：孚于嘉吉。象曰：孚于嘉吉，位正中也。
>
> 上六：拘系之乃从，维之，王用亨于西山。象曰：拘系之，上穷也。

孔疏之标起止，前则曰“‘九五孚’至‘正中也’”，后则曰“‘上六拘系’至‘上穷也’”，文义了然。十行本移前疏于爻辞“嘉吉”下，“象曰”下无疏，遂与上六爻辞相连，疏标起止云“‘象曰’至‘于西山’”。以上爻之象，连下爻之经，此何理耶？全书似此者，层见叠出，如：

《蛊·六四》疏："'象曰'至'见吝'。"
《蛊·六五》疏："'象曰'至'用誉'。"
《噬嗑·六五》疏："'象曰'至'贞厉'。"
《噬嗑·上九》疏："'象曰'至'灭耳凶'。"
《贲·六四》疏："'象曰'至'婚媾'。"
《复·六三》疏："'象曰休复之吉'至'无咎'。"
《大畜·六五》疏："'象曰'至'豮豕之牙吉'。"
《大过·九二》疏："'象曰藉用白牡'至'无不利'。"
《晋·六五》疏："'象曰鼫鼠',至'无不利'。"

此皆以上爻之象,连下爻之经,盖全不知书者之所为,其误六也。

他如删疏中覆举经文之句;孔疏于更端处皆覆举经文,十行本割隶每句下,多加删削,其疏文之割隶小象者,倒删"象曰"二字。释注之文,混于释经;如《艮卦》卦辞注"目无患也"疏文,十行本移隶句下,不标注文起止,与释经之文无别是也。妄增疏文,如《小过·六五》疏标起止云"除过至能雨也",十行本"正义曰"下又有"除过至能雨也者"七字,此由标起止之误入,凡孔疏复举经文无如此苟简者。语其瞀乱,更仆难终。而其本由闽、监、毛、阮,递相祖述,流播无穷,诚《易疏》之大厄也。独怪阮氏力足以致善本,同时陈简庄得八行注疏本,阮氏无容不知,即《校勘记》所引钱本、宋本,皆略与八行本符,宋本由《考文》转引,钱本则得之卢校;若假卢、陈所藏之本,以作刊印之资,不远胜于瞀乱之十行本耶?阮氏择本不慎,负兹盛举,致堪惋惜,不得以付托非人委其过于卢氏也。

前代经、注、正义、释文,本自单行,单行经注与陆、孔所据之本,不必尽同,而合刻者改彼就此,强之使同,此金坛段君所以致叹于三合之本也。《经韵楼集·与诸同志书论校书之难》。八行本实为注疏合刻之祖本,其《尚书》、《礼记》有黄唐跋文,前人多据以推注疏合刻之年代,而说各差异:

钱竹汀云:日本山井鼎云,足利学所藏宋板《礼记注疏》有三山黄唐跋云:本司旧刊《易》、《书》、《周礼》正经注疏,萃见一书,便于披绎,它经独阙。绍兴辛亥,遂取《毛诗》、《礼记》疏义,如前三经编汇,精加雠正。乃若《春秋》一经,顾力未暇,姑以贻同志。所云本司者,不知为何司。然则即是可证北宋时正义未尝合于经注,即南渡初尚有单行本,不尽合刻矣。《十驾斋养新录》卷四"注疏旧本"条。

阮芸台云:《左传考文》载黄唐跋文云云。见上。盖注疏合刻,起于南北宋之间,而《易》、《书》、《周礼》先刻,当在北宋之末也。《尚书注疏校勘记》引据各本目录"宋本"条下。

杨惺吾云:黄唐跋是绍熙壬子,《七经考文》于《礼记》后误"熙"为"兴",阮氏《校勘记》遂谓合疏于注,在南北宋之间,又为山井鼎之所误也。《日本访书志》"尚书注疏宋椠本"条。

叶焕彬云:杨氏谓《校勘记》为山井鼎所误,然森立之《经籍访古志》亦载有此本,卷末有题记独完全,云:六经疏义,自京、监、蜀本,皆省正文及注,又篇章散乱,览者病焉。本司旧刊《易》、《书》、《周礼》正经注疏,萃见一书,便于披绎,它经独阙。绍兴辛亥仲冬,唐备员司庾,遂取《毛诗》、《礼记》疏义,如前三经,精加雠正,用锓诸木,庶广前人之所未备。乃若《春秋》一经,顾力未暇,姑以贻同志云。壬子秋八月,三山黄唐谨识。其刊刻年号,亦作绍兴辛亥。其书即足利所藏,是森氏所见之书,即当日山井所见之书,同一绍兴所刻注疏,何至杨所见独为绍熙?辛亥、壬子,相距一年,刻成始识,情事之常;而绍熙误作绍兴,则去之太远,窃疑杨所见不甚可据,故误绍兴为绍熙,非《考文》误以绍熙为绍兴也;况杨所见十册内有钞补二册,非森氏所见之全;则其所见之本,不足以难阮氏,而杨之以不误为误,不足令人征信矣。《书林清话》卷六"宋刻经注疏分合之别"条。

案绍兴年号,熟于口耳,而绍熙稍晦,故山井君彝、森立之涉笔同误。此一字之异,相去凡六十年。果黄唐之跋,作于绍熙,则《易》、《书》、《周礼》之先刻者,度亦相去不远。日人长泽规矩也据刻工姓名推定为淳熙时刊本,说近是。宋室南渡已历六十余年,不得如阮氏所言在北宋之末矣。惺吾亲见原书,特加辨正,非可诬也。叶氏特因森《志》偶亦同误,据以弹射,不知森《志》虽于"尚书注疏"条引黄唐跋语误作绍兴,于"礼记注疏"条又云:"绍熙壬子刊本,卷末有三山黄唐跋文。"则实作绍熙,与杨氏所见《尚书注疏》正合。其证一也。日本长泽规矩也《十三经注疏影谱》第七叶。所印黄跋,与森立之全文皆合,其绍兴正作绍熙。影自原书,当可信据。其证二也。宋《宝庆会稽续志》卷二提举题名云:"黄唐,绍熙二年十一月初一日,以朝请郎到任,三年十月某日,奉圣旨与郡。"绍熙二年为辛亥,三年为壬子,跋文所云"绍熙辛亥仲冬,备员司庾",与志所云"二年十一月到任"合。志云"三年十月与郡",跋作于八月,则去官前二月也。密合如此,其证三也。叶氏徒据森《志》误文以难杨氏,而森《志》"尚书"、

“礼记”，同在一卷之内，一误一不误，乃略不检照，其疏谬甚矣。

《易》、《书》、《周礼》刻于黄唐司庾之前，《诗》、《礼记》刻于黄唐司庾之日，其云“如前编汇”，则旧无合刻之本，浙东庾司始创为之，事至明也。钱云不知何司，盖未见黄跋全文故也。后此，庆元庚申沈作宾复刻《左传注疏》于越，其后序云：“《左氏传》杜氏《集解》、孔氏《义疏》，发挥圣经，功亦不细，萃为一书，则得失盛衰之迹，与夫诸儒之说，是非异同，昭然具见。”此言编汇之意。又云：“诸经《正义》，既刊于仓台，即庾司。而此书复刊于郡治，合五为六，炳乎相辉。”见《爱日精庐藏书志》卷五“临金坛段氏校宋庆元本《左传正义》”条。考庚申为庆元六年，时作宾方为越守，沈作宾《宋史》有传，其为越守见本传及《会稽志》。阮氏《校记》称为沈中宾本，盖因段君所见本模黏，以意定为中字，实非也。上距黄唐作跋语时，已历八年，是黄氏所云“力有未暇”者，沈氏卒成之也。《竹汀日记钞》卷一云：“晤段茂堂，云：曾见《春秋正义》淳化本于朱文游家。”又《养新余录》云：“吴门朱文游藏宋椠《春秋正义》三十六卷，实则庆元六年重刊本也。”案段君初误以为淳化本，及借校后题记则云：“此宋淳化庚寅宫本，庆元庚申摹刻者也。”实则以为淳化本固非，以为摹刻亦误，盖因沈本合疏于经、注，依疏分卷，首有淳化元年校勘诸臣衔名，故段君误以为淳化本，又以为摹刻，而不知实沈氏编刻之本。北宋之初，固未尝注疏合刻也。

江安傅沅叔景宋《周易》单疏本，“構”字阙笔，因据《玉海》推其刊刻之时，当在绍兴九年至二十一年之间。若依叶氏之说，壬子为绍兴二年，其时已有注疏合刻之本，不应下至绍兴二十一年复访求单疏而刊刻之也。合刻本出而单行本废，盖群以合刻为便，亦自然之势也。岳倦翁《九经三传沿革例》所举注疏本凡三：曰“越中旧本注疏”，曰“建本有音释注疏”，曰“蜀刻注疏”。三本之中，独称越中本为旧本。越中本即八行本，则八行本以前无注疏合刻本可知也。据陈简庄《经籍跋文》所列八行本《周易注疏》，与山井《考文》所载宋本全符；钱求赤钞本见于卢氏《拾补》、阮氏《校记》者，亦莫不同，惟行款稍异，知其所据之本，亦出于八行本。阮本脱误，而八行本不脱者，验之单疏，无不尽合。其大者，如《观卦》、《咸卦》十行本脱文，八行本有之，单疏本亦皆有。苟有重刊《周易注疏》者，以八行本为主，以单疏本著其异同，别为校记，不过数纸即足，其便于学者为何如耶？若阮氏所校，徒列闽、监、毛本之误文；南昌所刊，不改十行谬本之形式，实无所用耳。

有单疏而后有合刻之注疏。欲考冲远之旧式，则单疏本为尤要。阮氏《周易校记》载单疏宋本，云：“据钱遵王校本。案钱跋有单疏本一，单注本二，注疏本一，今不复能识别，但称钱校本。”海保渔村云：“遍检通篇，其专指引单疏者，仅一见《乾·彖》内。”《举正》。则吾国先正，据单疏以校注疏本者盖尟。日人所传旧钞《周易》单疏至多，其见于森立之《经籍访古志》者，有应永间钞本一，弘治永禄间钞本二，元龟天正间钞本三；见于岛田翰《古文旧书考》者，又有大永钞本，员和钞本。吾人于日人故籍，少所窥涉。杨惺吾随节东渡，得一帙以赠刘君承幹，刻之《嘉业堂丛书》中，吾人始因以得见唐人作疏之旧式。惟日本亦自宋刊钞出，而妄有改易。刘氏跋语云：“日钞本讹字破体，触目皆是。重文均空格，悉为改正补足。不得奉日钞为金科玉律。”信通人之言也。其中足正

阮刻之脱误者固多,独惜刘氏校刻时,并其足证异同者而亦改之,其所刻有与所为《校记》不相应者,如:

《八论》第一《校记》标“崔觐刘贞　简等”,云:“阮本‘贞’字下不空格。”是日钞空格。今所刻不空格。刘贞简即刘瓛,本不当空格,然宋单刊疏亦空格,则旧已如此,故阮《校记》载写本有于“简”字上误沾“周”字者。

《八论》第三《校记》标“《周礼·太卜》”,云:“阮本‘太’作‘大’。”是日钞作“太”。今所刻仍作“大”。宋刊单疏本作“太”,官本同,则从原文为得。

《泰·九三》疏《校记》标“犹若无在下者”,云:“阮本‘无’作‘元’。”引阮云:“钱本、宋本‘元’作‘无’,下‘元在上者’同。”是日钞两“元”皆作“无”。今所刻上“无”字误作“中”,下“无”字仍作“元”。宋刊单疏本两“元”字皆作“无”,官本同,并与日钞合。

全书似此者甚众,其校刻之疏可见矣。海保渔村据大永钞本以作《校勘记举正》,今以《举正》所言勘刘本,颇相乖刺者,如:

《震卦》卦辞注疏:“削柄与末。”《举正》云:“今本‘削’作‘刊’。”是日钞作“削”。刘刻仍作“刊”。

《渐卦·大象》疏:“君子以居德善风俗者。”《举正》云:“今本删‘风’字。”是日钞有“风”字。刘刻仍无“风”字。案《释文》云:“‘善俗’,王肃本作‘善风俗’。”则王辅嗣本无“风”

字，孔疏亦不当有，日人依《释文》增之耳。

《丰卦·九三》疏："所以丰其沛日中见沫也。"《举正》云："今本'其'误'在'。"是日钞作"其"。刘刻仍作"在"。案日钞作"其"，依经文改耳，非有据也。《六二》："丰其部。"疏云："所丰在于覆蔽。"此疏云："是所以丰在沛。"文例略同，"在"字不误。

此类例难悉数，岂日钞自有异同耶？抑亦刘氏据今本改之耶？苟刘氏所改，则人方据此以为异文；即不可从，亦当列于《校记》而详辨之，不当迳改其文以没其实也，且刘氏非不见《举正》之文也，其《校记》实多袭用之，如：

《乾·初九》疏："所以重钱。"又云："故交其钱。"《举正》云："毛本二'钱'字改体。案'重钱'、'交钱'之目，又见《仪礼·士冠礼》疏。钱大昕《养新录》云：'贾疏本于北齐黄庆、隋李孟悊二家，是则齐、隋与唐初，皆已用钱，重、交、单、拆之名，与今不异。但古人先揲著而后以钱记之，其后术者渐趋简易，但掷钱得数，不更揲著。'此说是也。《校勘记》云：'《火珠林》始以钱代著，故谓之重钱、交钱。'案《火珠林》只是掷钱代著，始不以此记爻也。阮氏盖未之考也。"案"重钱"、"交钱"之目，又见《周礼·太卜》疏，当并引之。

刘氏《校记》全录其文，除删其末句外，一字不易，岂得以为偶合耶？其他似此者，殆不可胜举也。《乾卦》"而不犯凶咎"一条，

“以上九非位而上九居之”一条,《蒙卦》“《尔雅》云”一条,《比卦》“今亦从之去则射之”一条,《履卦》“欲行九五之志”一条,又《随卦》“若以元亨利贞则天下随从”一条,《噬嗑》“恐思之适五位则是上行”一条,《复卦》“闭塞其关也”一条,《无妄》“不敢菑发新田”一条,《夬卦》“故可以显然发扬决断之事于王者之庭”一条,类皆一字不易。其中多有不足依信之说,刘氏犹承用之。如《蒙·初六》疏引《小尔雅》,十行本作《小雅》。阮《校记》云:“钱本、宋本、闽、监、毛本小作‘尔’,‘尔’字误。《小尔雅》,唐人多作《小雅》,《文选注》亦然。”其说至确,《小尔雅》之称《小雅》,王汾原已详言之。宋刊单疏正作《小雅》,可证也。日钞直作《小尔雅》,不惟与作《小雅》之本不合,亦且与作《尔雅》者相背,显为日人妄增,而《举正》乃以作《小尔雅》为是。刘氏刊本,止作《尔雅》,其所刻既无“小”字,其校语乃全与《举正》同,何也?刘氏既多袭《举正》之说,其所刊乃屡与《举正》相背,不得谓刘氏之本即日钞之旧,更不得谓即冲远之旧矣。《举正》与刘氏《校记》,皆多舛误,兹不具说。

傅君沅叔得南宋监本单疏,景印行世,使吾人得据以观冲远之真,正俗本之误。《易疏》之传于今者,盖莫善于此矣。傅君传古之功,夫岂可忘。第观其所作跋文,颇多疏舛,盖由率尔为之也。中有云:

> 《易》单疏本相传有钱孙保校宋本。

案阮《校记》具列引据各本,钱孙保景宋钞本在注疏本中。《群书拾补》著钱本式于所校《周易注疏》之末。其本有经有注,非单疏也。阮氏所列单疏，据钱遵王校本转引，与孙保无涉也。又云：

> 如《观卦》脱二十四字，《咸卦》脱八十九字，《遯卦》脱七字，《艮卦》脱六字，皆赖以补完。

此全袭刘君翰怡跋文，不知日钞《遯卦》所多七字，决为衍文；《艮卦》疏多六字，义虽可通，又不当干释经之疏，夹入释注之语；且刘氏所“七字”、“六字”者，日钞有之，传所景印宋本未尝有也，当据此以正日钞之误，何“赖以补完”之有？又云：

> 孔氏序言：“为之《正义》，凡十有四卷。”《新书志》及《郡斋读书志》同。

此又袭用陈氏《经籍跋文》而失之也。《旧唐志》载《正义》“十四卷”，《新唐志》误作“十六卷”。仲鱼作跋，本自发箧陈书，而下笔偶误以“新”为“旧”，以“旧”为“新”。傅君直用其语，不一检照，何耶？

傅君虽有小误，不掩其大功；犹宋刊虽有讹字，不害其为最佳之本也。宋本误字，如《坤·初六》疏：“故分爻之象辞，各附其当爻下言之。”“分爻”误作“分文”。《坤·文言》第一节疏：“六爻皆阴。”“爻”误“又”。“又地能生物。”“又”误“爻”。“即不敢为物之先。”“物”误“如”。《讼·象》传疏前注云：“可以获中吉。”“吉”误“言”。《泰·九三》疏：“此九三将弃三而向四。”“弃三”误“弃二”。《遯·九四》疏：“若好遯君子,超然不顾。""若"误"吉"。《晋·六二》疏:"正而获吉,故曰贞吉也。""吉"误"正"。《睽·六三》疏:"四从上刑之故剠其额。""剠"误"掠"。《艮》卦辞疏:"既兆而止,则伤物情。"脱"兆"字。《艮·彖》传疏:"凡物之动息,自各有时运。""各"误"若。"《兑·彖》传疏:"兑说也者训卦名也。""卦"误"此"。《节》卦辞疏:"节者节度之名。""名"误"者"。《中孚·上九》疏:"信衰则诈起。""诈"误"谁"。"虚声远闻。""远"误"进"。《未济》卦辞疏:"小狐汔济,濡其尾,无攸利者。""汔"误"沆"。《系辞上》第四章疏:"是《易》无体也。""是"误"骨"。第六章疏:"既引《易》辞。""引"误"明"。第七章疏:"故引《乾》之上九亢龙有悔。""悔"误"海"。第八章疏:"其六以象六畫之数。""畫"误"晝"。"再扐而后掛者。""掛"误"卦"。"爻别三十六。""别"误"则"。第九章疏:"变则唯几也。""唯"误"中"。《系辞下》第七章疏:"能为初筮。""筮"误"噬"。

権而论之,同一单疏也,则日钞本不如宋刊本;日钞源出宋刊,故所标起止,无不吻合。而日钞刘刻本,其第十卷《涣卦》以下辄齟差不合,盖钞者所据宋刊,此卷脱烂,以意补缀也。如谓别出一源,何以他卷皆合,而此半卷独否耶?此足为日钞不尽可据之切证。同一注疏合刻也,则十行本不如八行本。阮氏据校之本,十行本之修补致讹者也;南昌刻本所据,十行本之讹谬不堪者也;加以新误之字,更不可读矣。故傅本之视南昌本,四累之上也。

海保渔村论日钞单疏之善云:

> 盖无是本,则《校勘记》之作,予知其不得已也;有是本矣,《校勘记》可不复作焉。嗟夫!是本在天壤间,《周易正义》十四卷始无一疑滞矣。《正义》十四卷无一疑滞,而王注始可得而读焉。王注可读,而后两汉先儒之义诂,亦得以溯洄而从之矣。

日钞多误，何足以当此？惟移颂傅本，乃无愧耳。《谦·大象》：“君子以裒多益寡。”唐石经“裒”作“褒”，《说文》无“裒”字，作“褒”是也。今传本皆作“裒”。宋刊《正义》此段凡“裒”字皆作“褒”，独与石经合。是孔疏、石经所据皆同，其误作“裒”，依误本经文改耳。又疏中引《尔雅》“褒聚也”，亦足正今本《尔雅》之误。此真一字千金也。钱竹汀、严铁桥、冯柳东、宋于庭皆以唐石经作“褒”为是；孔疏如此，更足证矣。今校录《易疏》，一以是本为主，其灼然讹误者乃据诸本正之，而附记于眉端，惜不得八行本而并校之也。

附录二 《月令》章句疏证叙录

《贾子·等齐》篇云:“天子之言曰令,令甲令乙是也。诸侯之言曰令,令仪令言是也。”《月令》者,古天子之令,著于明堂,布于天下者也。故蔡氏释《月令》篇名云:

> 因天时,制人事,天子发号施令,祀神受职,每月异礼,故谓之月令。成法具备,各从时月,藏之明堂,故以明堂冠月令,以名其篇。

《淮南·泰族》篇云:

> 乃立明堂之朝,行明堂之令。许君注云:“明堂布令之官,有十二月之政令也。”

明乎令之所以为令,而后《月令》之义可得而说矣。《月令》之起,依于明堂;明堂之作,肇于皇古。《淮南鸿烈》谓“神农祀于明堂”,《主术》篇。《内经》谓“黄帝坐于明堂”,《素问·五运大论》。而黄帝之明堂,《管子》谓之明台,《桓公问》。《尸子》谓之合宫,《隋书·宇文恺传》引。申公谓之明廷,《史记·封禅书》。虽诸子杂说,称名抵牾,或非惇史,然《淮南》陈神农明堂之制，《主术》。公玉带上黄帝明堂之图，《史记·封禅书》。史公谓“黄帝迎日推策”，《五帝纪》。《世本》亦称“黄帝之臣容成造历，大桡作甲子，羲和作占日，常仪作占月，鬼臾区作占星”，又见《吕氏春秋·勿躬》篇。《淮南》亦称“黄帝理日月之行，治阴阳之气，节四时之度，正律历之数”。《览冥》篇。《大戴》载孔子之言，又谓“黄帝治五气”，《五帝德》篇，《史记》、《家语》并同。治五气者，即《月令》四时季夏迎气之说也。说详后。由是观之，明堂之法，《淮南》推本于神农，其言虽少辽远，而始于黄帝，则宜若可信矣。顾其时所著之令，靡得而详。《尧典》载尧命羲和，顺天授时。其视后之《月令》，固已举其弘纲，不劳比傅。《周语》载单襄公之言曰：

先王之教曰：雨毕而除道，水涸而成梁，草木节解而备藏，陨霜而冬裘具，清风至而修城郭宫室。

韦昭曰：“教谓《月令》之属是也。”特文称先王，未审为何代之令。单子又云：

故《夏令》曰：九月除道，十月成梁。

韦昭云：“夏令，夏后氏之令，周所因也。”单子又云：

其《时儆》曰：“收而场功，徛而畚梮，营室之中，土功其始，火之初见，期于司里。”

韦昭云："时儆，时以儆告其民也。"案《时儆》之文承《夏令》而言，其为夏后氏之禁令，文意至明。汪容甫以为《夏令》篇名，得之。见《经义知新记》。《礼记·礼运》云：

孔子曰："我欲观夏道，是故之杞而不足征也，吾得夏时焉。"

郑注云："得夏四时之书也，其书存者有《夏小正》。"《史记·夏本纪》云：

孔子正夏时，学者多传《夏小正》。

今《夏小正》四月初昏南门正，传云：

南门者，星也，岁再见。一正，盖《大正》所取法也。

《大正》对《小正》而言，皆夏代时令之书。孔巽轩、《大戴礼记补注》。汪小米《国语发正》。皆以《周语》所称夏令为《大正》遗文，理或然也。洪震煊《夏小正疏义》以《逸周书·尝麦解》之大正证此大正为官名，失之。正与政同，《周礼·媒氏》疏载张融评《圣证论》引《管子·时令》篇，《礼记》言"季冬饬国典，论时令"，故"月令"一称"时令"。互详后许宗彦说。《后汉书·章帝纪》："顺时令，理冤狱。"又《东平王苍传》："臣闻时令：盛春农事，不聚众兴功。"又《陈宠传》："时令曰，诸生荡，安形体。"又《刘瑜传》："掘山攻石，不避时令。"注引《月令》。

或谓之时政：

《后汉书·明帝纪》："诏曰：有司勉遵时政，务平刑罚。"

时政即时令也，《汉书·元帝纪》"诏百官毋犯四时之禁"，亦四时之禁令也。《后汉书·明帝纪》"永平三年诏曰：有司其勉顺时气"，《章帝纪》"古今东作，宜及时务"，亦皆指月令而言。夏之《月令》有《大正》、《小正》者，所纪时政有详有略也。故《小正》传云："小之云者，弗详之云尔，非其微之云也。"其南门正传称《大正》，犹雁北乡，缇缟时有见，后始收诸传之称《小正》也。夏之《月令》，《大正》、《小正》之外，复有《时儆》者，犹《周书》既有《月令》，复有《周月》、《时训》二篇也。今所传《月令》，本出《周书》，其叙曰：

周公制十二月赋政之法，作《月令》。

鲁恭见其载于《周书》，亦云：

《月令》周世所造，而所据皆夏之时也。《后汉书》本传。

蔡氏本《周书》之叙而推衍之，其释《月令》篇名云：

文义所说，博衍深远，宜周公之所著也。官号职司，与《周官》合。《周书》七十一篇，而《月令》第五十三。

是蔡氏明见《周书》之《月令》,即《戴记》之《月令》,故断以为周公而不疑也。非特蔡氏,贾逵、马融、王肃、张华之徒,咸同此论。

《月令》:"孟夏,命大尉赞杰俊。"疏:"贾逵、马融之徒,皆云《月令》周公所作,故王肃用焉。"

《月令》篇题《释文》:"蔡伯喈、王肃云:周公所作。"

《博物志·文籍考》:"蔡邕云:《礼记·月令》,周公作。"

《隋书·牛弘传》:"蔡邕、王肃云:周公所作《周书》内有《月令》第五十三,即此也。"

顾其时已有异说,故蔡氏又云:

秦相吕不韦著书,取《月令》为纪号,淮南王安亦取以为第四篇。故偏见之徒,或云《月令》吕不韦作,或云淮南,皆非也。

郑、蔡同时,蔡君作《章句》时,郑学未盛,所云偏见之徒,尚有谓《月令》出于淮南者,则蔡语固不为郑君发;而《月令》出于吕氏之说,则郑君持之特坚:

《月令》疏引郑目录云:"《月令》者,以其记十二月政之所行也,本《吕氏春秋》十二月纪之首章也,以礼家好学钞合之,后人因题之名曰《礼记》,言周公所作,其中官名时事,多不合周法。”

又“孟夏，命大尉赞杰俊”注云：“三王之官，有司马，无大尉，秦官则有大尉，今俗人皆云周公作《月令》，未通于古。”

又“季秋，合诸侯，制百县，为来岁受朔日”，注云：“秦以建亥之月为岁首，于是岁终，使诸侯及乡遂之官，受此法焉。”

季秋受朔之义，高诱亦同郑说，其注《吕氏春秋·季秋纪》云：

“来岁，明年也。秦以十月为正，故于是月受明年历日也。”由此言之，《月令》为秦制也。《后汉书·百官志》注曰“计断九月，因秦以十月为正故也”，即高所本。

以《月令》为秦制者，以大尉受朔二事为墨守输攻之良具，然大尉之官，不始于秦，钱塈已辨之，见《明堂大道录》“辨明堂月令非吕氏书”条。而徐文靖复申言之，见《管城硕记》，卢召弓《龙城札记》引之，徐说虽详，实本钱氏之说。徐说尤详于钱，其言曰：

> 据鱼豢《典略》，古者兵狱官皆以尉为名，《国语》“晋悼公使祁奚为元尉，铎遏寇为舆尉，奚午为军尉”，《管子》“管藏于里尉”，又襄二十一年《左氏传》“栾盈曰：将归死于尉氏”，杜预曰“尉氏讨奸之官”，正义曰“《周礼》司寇之属无尉氏之官”，又《石氏星经》“紫微垣右枢第二星曰少尉”，既有少，则应有太矣。故《中候握河纪》云“舜为太尉”，《河图录运法》云“尧坐舟中，与太尉舜观凤皇”，如《尚书·立政》常伯常任准人牧夫，皆《周礼》所无，安见无太尉官耶？应劭以太尉为周官者是也。

徐氏所引《星经》及纬候之书,或不足据,要不得以《周礼》无太尉,遂谓周无此官,《诗》、《书》传记所载周官,不见于《周礼》者,遽数难终,非特徐氏所引《立政》而已。《汉书·百官公卿表》应劭注曰:"自上安下曰尉,武官悉以为称。"其人在鱼豢前,又《续汉·百官志》注:"太尉,前书曰尉秦官,郑玄注《月令》亦曰'秦官',《尚书中侯》云'舜为太尉',束晳据非秦官,以此追难玄焉。"刘昭以候纬纷伪,据后书前,驳束申郑,徐氏复蹈束氏之失,要所举左氏内外传诸证皆是也。《百官表》、《百官志》两注皆引应注无周官之说,《后汉书·光武纪》注引《汉官仪》云"大尉秦官也",《续汉·百官志》注引《汉官仪》云:"元狩六年罢太尉,法周制,置司马。"则仲远不以太尉为周官也。《通典·职官二》云:"应劭《汉官》谓大尉为周官。"盖杜所见本异,然《汉志》所云秦官,多为六国所已有,时秦未有天下,则亦可云周官也。且如郑君说,以太尉为秦官,定《月令》出《吕氏》,则《吕氏》当与《戴记》无异文,而《吕氏·孟夏纪》实作"大封",见于朱子《仪礼通解》,今本作太尉者,后人据《月令》改之也。臧在东《拜经日记》云:

《吕氏春秋·孟夏纪》"命大封,赞杰俊",《淮南·时则训》依汉制改大封为太尉,汉儒传《礼记》从之,俗本《吕览》又同《月令》作尉,朱子《仪礼集传集注》云:"《吕》尉作封,今据此改正",案《管子·五行》篇云:"黄帝得大封而辨于西方,故使为司马。"高氏诱注"仲冬命神农将巡功",云:"昔炎帝殖谷,号为神农,后世因名其官为神农。"则此亦因大封治西方,职为司马,后世因名司马为大封也。考《汉书·百官公卿表》"太尉,秦官,武帝建元二年省，元狩四年初置大司马，以冠将军之号”，是太尉即汉之司马，《淮南》改《吕览》以从汉制，不作司马而作太尉者，以汉初官制因秦未革，至元狩四年改制，而淮南王以谋反诛，在元狩元年，已不及见矣。郑康成因太尉秦官，而以《月令》为秦制，盖未考之《吕览》欤！

夫大封之为司马，明见《管子》，则决非误文。既可云礼家抄合不韦之书，改大封为太尉，亦可云礼家袭取《周书》之文，改司马为太尉矣。故惠松厓、《明堂大道录》“辨明堂月令非吕氏书”条。卢抱经《逸周书校本》及《龙城札记》。之说，以《月令》之太尉为汉人所改，其说自通，不得执此以为秦人书也。其以“季秋合诸侯，制百县，为来岁，受朔日”，则徐氏见上。亦辨之曰：

> 此因大飨帝告庙而受朔也，若秦以十月建亥为岁首，而季秋为来岁受朔日，即是九月为岁终，十月为受朔，此时与周法不合。试问秦以十月为来岁，即以十月为来年，而孟冬祈来年于天宗，又以何者为来年乎？季冬与大夫共饬国典，论时令，以待来岁之宜，若谓秦以十月为来岁，即以季秋为岁终，而季冬何以待来岁乎？《史记》始皇十二年文信侯不韦死，二十六年秦初并天下，改年始朝贺，皆用十月朔，然则秦以十月为岁首者，不韦死十四年矣，安得《吕览》中预知十月为岁首乎？

徐氏之说，利钝杂陈，王伯申《经义述闻》。以为“秦用颛顼历，孟冬为岁首，孟春为历元所起，故一岁二首。《史记·秦纪》昭襄王四十八年先言十月，后言正月，则当时已用十月为岁首，不始于始皇二十六年。”张啸山《舒艺室余笔》云：“昭襄王四十二年先言十月，后言九月，亦犹是也。昔校《史记》昭王十九年十月为帝，疑秦先托始于此，然自四十八年以后复用夏正，故正月之后书其十月，四十九年先书正月，后书其十月，而《始皇本纪》先书正月，后书十月，其时犹未并天下也。”则徐氏谓吕氏死时，秦未以十月为岁首，不足以断此狱也。季秋为来岁受朔日，孟冬祈来年于天宗，来岁与来年殊文，犹可以中数曰岁，朔数曰年解之。《周礼·太史》“正岁年”注。惟季秋与季冬皆言来岁，则所谓来岁者，自不可同名异解。而来岁在季冬之后，必为夏之正月无疑。其所以预计受朔于九月者，则卢召弓之驳高注《毕校吕氏春秋》引。云：

> 若以十月为来岁，而于九月始受朔日，则仅就百县言为可，若远诸侯，则有不能逮者矣。注据此即为秦制，吾未之信。梁氏《吕子校补》云“九月受朔，何以不能逮远方，卢说似未确”，以此驳卢，不可理喻矣。

孙伯渊亦谓“四夷俱禀正朔，去王畿或万里，非先期颁朔，势不能达”，见《王制月令非秦汉人所撰辨》。故预计于九月，使凡受正朔者，皆可从容尽逮，此固无可议矣。郑君之驳《月令》，自上所举诸事外，有据《周礼》驳《月令》者：

> 孟春，乘鸾路，驾仓龙，载青旂，衣青衣，服仓玉。注

云:凡此车马衣服,皆所取于殷时而有变焉,非周制也。《周礼》朝祀戎猎,车服各以其事,不以四时为异。

季夏,命渔师伐蛟取鼍,登龟取鼋。注:《周礼》曰:秋献龟鱼,又曰:凡取龟用秋时。是夏之秋也,作《月令》者以为此秋,据周之时也,周之八月,夏之六月,因书于此,似误也。

孟冬,命太史衅龟策,占兆。注:《周礼》龟人上春衅龟,谓建寅之月也,秦以其岁首使太史衅龟策,与周异矣。

案郑据司服巾车诸职,以为周代朝祀戎猎,各以其事,不以四时为异。然《司服》职云:"祀昊天上帝,则服大裘而冕,祀五帝亦如之。"如执斯说,则夏祀赤帝,季夏祀黄帝,亦当盛暑被裘矣。古礼阙佚者多,《周官》之文,容有详略,不能尽赅一代之变。《宗伯》职云:"以玉作六器,以礼天地四方,以苍璧礼天,以黄琮礼地,以青圭礼东方,以赤璋礼南方,以白琥礼西方,以玄璜礼北方,皆有牲币,各放其器之色。"夫器与牲币既各依方色,安在车服之不可逐时而异也?《管子·幼官》篇云:"君服黄色,味甘味,听宫声,治和气,用五数,饮于黄后之井。以上中央。君服青色,味酸味,听角声,治燥气,用八数,饮于青后之井。以上东方。君服赤色,味苦味,听羽声,治阳气,用七数,饮于赤后之井。以上南方。君服白色,味辛味,听商声,治湿气,用九数,饮于白后之井。以上西方。君服黑色,味咸味,听徵声,治阴气,用六数,饮于黑后之井。以上北方。"《轻重己》篇云:"以冬日至始数四十六日,冬尽而春始,天子东出其国四十六里而坛,服青而绕青。以上春。以春至日始数四十六日,春尽而夏始,天子服黄而静处。以上夏。以夏日至始数九十二日,谓之秋至,天子西出其国百三十八里而坛,服白而绕白。以上秋。以秋日至始数九十二日,天子北出九十二里而坛,服黑而绕黑。以上冬。"此则古礼随五方四时异其服免之明验也。孙伯渊以为迎气而服应四方色,不过一日服之以应气,非终其一季。《管子》虽非仲所自作,而韩子《难三》篇两引其文,皆与今本合,韩子引《管子》见其可说之有证云云,见今本《权修》篇,引《管子》言于室,满于室,言于堂,满于堂,见今本《牧民》篇。非略与不韦同时,则《管子》之书,出于不韦之前,为周人所作可知矣。郑君又据《周礼》鳖人龟人之文,谓取龟在秋,衅龟在春,与《月令》之夏取冬衅乖异。夫古之立制,或举其始,或限其终,或一事而岁屡行,载笔者不能赅遍,事之常也。如执鳖人秋献龟鱼之文,谓季夏登龟非周制,则《渔人》职云"春献王鲔",王鲔独非鱼乎?献不以秋而以春,虽同在《周礼》,亦可云非周制矣。且此所言者,王之命也,命发于前,行见于后,夫何所疑。王肃《月令》注云:"周官献龟于秋,于秋当献,故于末夏而命,其言明且清矣。"王说见《玉烛宝典》六。郑君于龟人"上春衅龟"注云:"是上春者,夏正建寅之月,《月令》孟冬云'衅词龟策'相互矣。秦以十月建亥为岁首,则《月令》秦世之书,亦或欲以岁首衅龟耳。"其说与《月令》注大同,或之云者,意必之词也。使《月令》果出于不韦,而秦制果以岁首衅龟,则吕氏之纪,自当与《月令》同文,今考吕氏之书,乃作祷词龟策,祷之与衅,文既各异,义亦迥殊,又何为者耶?贾公彦《龟人》疏云:"周与秦各二时衅龟策,《月令》孟冬衅,则周孟冬亦衅之，周以建寅上春衅，秦亦建寅上春衅之，故云相互也。”其言决非郑意，然二时衅龟，理自可通，亦犹《鳖人》职言“献鱼以秋”，鳖人职言“献鲔以春”，各举端，互文相足也。苟知其以二时衅龟，又安得以为周秦异制乎？郑君又有据《祭统》驳《月令》者：

孟夏，还反行赏，封诸侯，庆赐遂行，无不欣说。注云：“《祭统》曰：古者于谛也，发爵赐服，顺阳义也，于尝也，出田邑，发秋政，顺阴义也。今此行赏可也，而封诸侯则违于古，封诸侯出土地之事，于时未可，似失之。”

孟夏，断薄刑，决小罪。注云：“《祭统》曰：草艾则墨，谓立秋后也。刑无轻于墨者，今以纯阳之月断刑决罪，与毋有堕坏自相违，似非。”

孟秋，毋以封诸侯，立大官，毋以割地。注：“古者于尝出田邑，此其尝，并秋而禁封诸侯割地，失其义。”

案《月令》、《祭统》，同在《戴记》，记礼之家，各以所见为守，而《戴记》之彼篇与此篇相逸者至众，未可执此以议彼也。此文以《月令》是而《祭统》误，俞荫甫《郑君驳正三礼考》。云：

愚尝疑《祭统》之文有误，当云：古者于禘也，发爵，赐服，出田邑，顺阳义也。于尝也，发秋政，顺阴义也。故记曰：禘之日，发公室，示赏也。草艾则墨，未发秋政，则民弗敢草也。盖赏当于夏，刑当于秋，发爵赐服出田邑，皆行赏之事，故以禘之日行之。发秋政，则行刑之事,故以尝之日行之。下引记曰,禘之日,发公室,示赏也,证行赏于夏也。又曰:草艾则墨,未发秋政,则民弗敢草,证行罚于秋也。因禘之日,误作尝之日,则发公室示赏行于尝之日矣。因将上文出田邑三字移至于尝也之下,以合发公室示赏之义,而所谓顺阳义顺阴义者,胥失之矣,不特与《月令》不合而已也。郑所据本已误,乃不援《月令》以订正《祭统》,反援《祭统》而辨驳《月令》,何与?

案王肃《圣证论》,据《左氏·襄二十六年》传"赏以春夏,刑以秋冬",以废郑而申《月令》,束皙论之曰:"《月令》所纪,非一王之制,凡称古者,无远近之限。未知夏封诸侯,何代之典?秋出田邑,夏乎殷乎?而王据《月令》以非《祭统》,郑宗《祭统》而疑《月令》,无乃俱未通哉!"以上并见《通典》七十一。观广微之言,则自以为通矣。夫赏以春夏,刑以秋冬,此自古之通义,岂随时而变哉。《尚书大传》:"孟夏朔令云:爵有德,赏有功。"《淮南·时则》篇同,实皆《王居明堂礼》文,说见后。《董子·五行顺逆》篇云:"火者夏成长,任得其力,赏有功,封有德。"《治水五行》篇云:"至于立夏,举贤良,封有德,赏有功。"《淮南·天文》篇云:"景风至则爵有位,赏有功。"《白虎通·八风》篇同,《白虎通》位作德,是。京房《易占》曰:"夏至离王,景风用事,人君当爵有德,封有功。"《易纬·通卦验》云:"夏至拜大将,封有功。"以上诸文,惟立夏与夏至为异,其以为夏封诸侯无异也。其所以立夏夏至不同者,盖封诸侯始于立夏,而以夏至为其极则也。《白虎通·封公侯》篇云:"封诸侯以夏何?

阳气盛养，故封诸侯，盛养贤也。封立，人君阳德之盛者也。”下即引《月令》之文以证之。盖自伏生以来，无不笃守斯义，至郑君乃据《祭统》孤文以驳《月令》，得俞氏之说而《祭统》之误明《月令》之义彰矣。至孟夏断刑决罪之文，俞氏亦解之同上。云：

> 愚谓记文亦无大违错，下文云“出轻系”，注云“从宽”，此云“断薄刑，决小罪”，即为“出轻系”，张本薄刑小罪即是轻系者，断之决之正所以出之也。于孟夏行之，未为失宜。

案《舜典》称“鞭作官刑，扑作教刑”，《皋陶谟》称“挞以记之”，《周礼·闾胥》“凡事掌其比觵挞罚之事”，《司徒》“凡有罪者，挞戮而罚之”，《小胥》“挞其怠慢者”，《条狼氏》“誓大夫曰：敢不关，鞭五百，誓师曰三百”，盖唐虞以来至于周世，咸有鞭朴之刑也。朴亦官刑，说见《舜典》疏，互详本书司徒搢朴下。墨于五刑为最轻，视鞭朴则已重，郑君谓刑无轻于墨者，盖未之思也。此所云“断薄刑决小罪”者，盖罪未及墨，外加鞭朴而释之者也。《后汉书·鲁恭传》曰“夫断薄刑者，谓其轻罪已正，不欲令久系，故时断之”，则断之正所以恤之矣。若如郑君之说，则人有小罪，必使离其父母妻子，待命官府，历夏涉秋，乃始行刑。狱户之中，热灼湿蒸，必有因而致死者矣，恤刑之谓何。下文所谓轻系者，即《周礼·司寇》所谓“以嘉石平罢民，其下罪三日坐三月役者”也三句平列，无所谓张本，俞氏未得其解。是郑君之据《祭统》以驳《月令》者，皆非也。又有据《左氏》

内外传以驳《月令》者:

仲夏;大雩帝。注云:"《春秋》传曰:龙见而雩,雩之正当以四月,凡周之秋三月之中而旱,亦脩雩礼以求雨,因著正雩此月,失之矣。"又云:"周冬及春夏虽旱,礼有祷无雩。"

仲秋,水始涸。注云:"此甫六月,雨气未止,而云水竭,非也。《周语》曰:'辰角见而雨毕,天根见而水涸',又曰:'雨毕而除道,水涸而成梁,辰角见九月本也,天根见九月末也',《王居明堂礼》曰:'季秋除道致梁,以利农也。'"

郑君谓秋三月之中而旱,亦脩雩礼者,以《春秋》书雩,皆在秋三月,《穀梁》不讥;成七年冬大雩,《穀梁》有讥文故也。详孔疏。然二传于七月八月之雩,皆不以为非,独《左氏》有龙见而雩之说,以秋大雩为不时,与《穀梁》异说,郑君沟通两传,因谓建巳之月为正雩,周之六月,夏之四月。秋三月虽得脩雩礼,而非正雩,正雩之说,经传无文。窃谓龙见而雩,为古昔相传旧说,与《月令》本不相背,自夏正四月至七月,皆为恤民勤雨之时,龙见而雩者,举其始,仲夏大雩帝者,举其中,互相足也。《春秋》书秋大雩者二十事,岂尽不时耶?郑君虽引《左氏》龙见而雩之文,亦谓秋三月得脩雩礼,是秋雩不时之说,匪特说二传者所不取,即郑君亦不从也。颖子严说"《左氏》以龙见为五月,强改天象以就《月令》,显与传文相背。"杜氏《释例》引。是秋雩不时之说,虽左氏先师亦不尽从也。此犹《左氏》称启蛰而郊，桓五年襄廿年并同。《郊特牲》称周之始郊日以至，启蛰在夏之正月，日至则夏之仲冬，两文不同，说者以为周、鲁异礼，遂成聚讼。郑以《郊特牲》为鲁礼，而记文明著周字，其不可通明矣。此所以来王肃"苟其不愚，不得乱于周鲁"之讥也。而《郊特牲》不仅言周之郊，而曰周之始郊，始者，有继之词也，有继者，非卜郊改日之谓也。改日则本非再郊，不得有始郊。日至始郊，启蛰复郊也，记文以二郊相近，日至在前，故以日至为始郊。传文就一岁之始言之，故以为启蛰而始郊，言各有当也。诚知其为二郊，何周鲁之纷纷为。二郊说详《郊特牲》疏引《圣证论》。始之一字，郑君所忽，亦犹《月令》言仲秋水始涸，《周语》言天根见而水涸，则在季秋，郑君以《月令》为误，不知《月令》所言者始涸，《周语》所言者大涸，故韦解云："《月令》：仲秋，水始涸。天根见，乃尽竭也。"俞氏《郑君驳正三礼考》说同，特不知韦解已如此矣。郑君又有据纬书以驳《月令》者：

> 仲夏，止声色，毋或进。注云："声谓乐也，《易》及《乐》《春秋》说夏至人主与群臣从八能之士，作乐五日，今止之，非其道也。"
>
> 仲冬，去声色。注云："声谓乐也，《易》及《乐》《春秋》说云冬至人主与群臣从八能之士，作乐五日。此言去声色，又相违。"

孔《疏》既引诸纬之文以释之，《续汉礼仪志》所载尤详。且曰："必知纬文作乐为是者，以《周礼·大司乐》冬至祭天圆丘，夏至祭地方泽，皆有作乐之文，不得云止乐，故知《月令》非也。”夫礼乐不可斯须去身，大夫无故不撤县，士无故不撤琴瑟，况人君乎？特郑、孔所言者，礼乐并言之乐；《月令》所言者，声色并言之声。故孙伯渊云：“细绎经文所云声色，谓非礼之声色，不得以作乐当之。”见《〈王制〉〈月令〉非秦汉人所撰辨》。世岂有以郊祀之乐与声色为类者乎？仲夏“止声色”之下，即继之以“薄滋味，节嗜欲”，仲冬“去声色”之下，即继之以“禁嗜欲”，则所止、所去者为何如之声可知矣。况此文皆承君子斋戒之下，又岂有斋戒而可迩声色者乎？郑、孔之说，非其理也。他如官名之异，则仲冬：

命奄尹，注：“奄尹，主领奄竖之官也，于周则为内宰。”

命大酋，注：“大酋者，酒官之长也，于周则为酒人。”

周代官名，多与《周礼》乖异，前已言之，如以奄尹、大酋为秦官，遍考书传，亦无以证其然也，郑君之驳《月令》，见于《周礼》注者，自前引“龟人”注外，有如《大司马》职中冬教大阅，注云：

《月令》，季秋，天子教于田猎，以习五戎。司徒搢扑，北面以誓之。此大阅礼，实正岁之中冬，而说季秋之政，于周为中冬，为《月令》者失之矣。

孔氏疏《月令》，以为“已非于彼，故不复重言于此”。案郑注《月令》，以司马中秋教治兵说之，其义尤切。是郑君两注异说，非不复重言也。是则《周礼》注之误，《月令》注已自正之矣。夫《月令》之文一也，郑君则云“官名时事，多不合周法”，蔡氏则云：“官号职司，与《周官》合。”是何也？郑君惟先有吕氏作《月令》之见横于胸中，遂力求其所以与《周礼》异；蔡氏惟先有周公作《月令》之见横于胸中，遂力求其所以与《周礼》同；力求其异，遂并其同者而异之；力求其同，遂并其异者而同之：皆通人之弊也。承学之士，束于郑、蔡之论，既不甘自侪于郑君所讥之俗人，亦不欲自居于蔡氏所斥之偏见，遂多操两可之说。《隋书·牛弘传》载弘《修立明堂议》曰：

> 今《明堂月令》者郑玄云是吕不韦著《春秋十二纪》之首章，礼家钞合为记；蔡邕、王肃云周公所作，《周书》内有《月令》第五十三，即此也；各有证明，文多不载。束皙以为夏时之书；刘瓛云不韦鸠集儒者，寻于圣王月令之事而记之，不韦安能独为此记；今案不得全称《周书》，亦未可即为秦典，其内杂有虞、夏、殷、周之法，皆圣王仁恕之政也。

广微贞简，既皆景响之谈，里仁所陈，亦属依违之论，然有可得言者，则里仁所谓不得全称《周书》是也。《周书·月令》，《崇文总目》著其单行之本，似北宋犹存，实则其书隋代已亡，故与里仁并世之杜台卿及唐初经儒孔颖达、贾公彦之伦，俱未之见也。说见后。邢叔明宋初名儒，其疏《论语》亦以为亡。《崇文总目》所载，或出伪撰，或后人以《戴记》之《月令》别行，被以《周书》之目，邢氏所不信。使其书隋代尚存，而里仁果见之，同则曰同，异则曰异，恶有所谓不得全称者乎？《周书》著于《汉志》，而称述者少，盖藏于秘府，不为民间所传习，贾逵、马融，并东京大儒，《逵传》云“拜为郎中，与班固并校秘书”，《融传》云“拜为校书郎中，诣东观，典校秘书。”又见章怀注引谢承、司马彪书。故二君于《周书·月令》，特得见之。融注《论语》云“《周书·月令》有更火之文”，尤亲见《周书·月令》之明证。使《戴记》之《月令》，非《周书》之《月令》，安得据以为周公所作乎？蔡氏与贾、马时代相接，本传亦云：“诏拜郎中，校书东观。”马融所见，蔡氏固亦见之。蔡氏据《戴记·月令》以作《章句》，其释《月令》篇名，谓“《周书》七十一篇，而《月令》第五十三，吕不韦取以为纪号，淮南王安取以为第四篇”，则《戴记》、《吕览》、《淮南》同用《周书》之《月令》，言之凿凿，尚何疑哉？郑君虽命世大贤，然未尝一日立于朝，目不睹中秘之书，不得见《周书》之《月令》以证其同异，故虽斥《月令》为秦制，仅据他书以驳周公之说，未尝以不合《周书》之《月令》为言也。其《缁衣》注，不知“祭公”“顾命”出于《周书》，因记礼者误为叶公，遂以楚之沈诸梁当之，说见《困学纪闻》五。此尤郑君不见《周书》之明验也。近世卢召弓校刻《周书》，据《戴记》以补《月令》，孙渊如作《〈王制〉〈月令〉非秦汉人所撰辨》，俱右蔡氏，而义据殊浅。孙说见《平津馆文稿》。孙氏曰：

> 《月令》见于《周书》，而《吕氏春秋》《淮南子》俱取其文，如《礼经》中有《乐记》，又见于荀卿马迁之书，不足

为异。言是周人所作，不独后汉蔡邕言之，前此鲁恭上书云云，是蔡邕之说，本于鲁恭，惟《史记集解》引马融云，"《周书·月令》，有更火之文"云云，则是《周书·月令》之文，与《礼记》亦不同。或取以补《周书》之阙，固由臆断。若竟疑《月令》为秦人所作，则虽郑氏言，未可尽从。为有鲁恭之说在前，汉法疑经则治以非圣无法之罪，安得治以汉法，使经学大明于世！

俞理初著《月令非周书论》以辨之，见《癸巳类稿》。且曰：

《月令》非《月令解》，《周书》解字，孔、晁所加，犹《淮南》训字高诱所加也，理初似误以为本文。经自有文，吕不韦、鲁恭、蔡邕不是圣人，可以非之。

案孙主蔡而非郑，俞主郑而非蔡，皆不得蔡、郑异说之故，《月令》之是否出于《周书》为一事，《月令》是否作于周公又为一事。《周书》者，孔子所删百篇之余，孔子既为《尚书》作序，不得于删弃之余，更为之序也。朱亮甫《周书校释》。云：

周末史官依放百篇书叙为之，观刘向、班固言《周书》七十一篇，通序为数，知作序者在向、固之先。

其说是也。作叙者以《月令》为周公所作者，特以其有《明堂月令》之目，《孝经》言周公宗祀文王于明堂，《礼记》言周公朝诸侯于明堂之位，而《明堂位》与《月令》，复同在《明堂阴阳》之记，郑《目录》引《别录》。故为此说耳。观其所叙他篇，或与本文不尽相应，说见《校释》。非书叙之伦也。百篇之叙，史公明著其出于孔氏，后之学者，犹或疑之，《周书》之叙，既无主名，其所说，复无确据，使《月令》果出于周公，则孔子方祖述之不暇，无缘删之矣。《月令》虽出于《周书》，而不必作于周公，则毁《月令》不得为非圣；《周书》为孔子所删弃，则议《周书》不得为疑经。鲁恭言《月令》周世所造，不云周公所造，可以为《月令》出于《周书》之证，不可以为作于周公之证。且恭虽生于郑君之前，犹远在作叙者之后，独不质言周公，其详慎愈于贾、马。孙氏不知蔡氏本于《周书》之叙与贾、马之论，而以为本于鲁恭，遽据恭说，科人以非圣无法之罪，非其理也。马融《论语》注引《周书·月令》，见何晏《集解》，《史记集解》即从之转引，孙氏亦失其出处，更火之文说见后。俞氏之论，多有义据，盖非难《月令》者，自郑君后莫与京矣，其持论最坚者二事，一则以《周书·月令》篇勘《月令》，其说云：

> 《逸周书·月令解》云："惟一月，既南至，日月俱起于牵牛之初，是谓日月权舆。"此《月令》则云："孟春之月，日在营室，昏参中，旦尾中，乃命太史守典奉法。司天日月星辰之行，宿离不贷，以初为常。"《周月解》云："既南至，日月右回而行，月周天进一次，与日合宿，日行月一次而周天，历舍于十有二次；终则复始。"此《月令》则云："季冬日在婺女，昏娄中，旦氐中，日穷于次，月穷于纪，星回于天，数将几终，岁且更始。"其断天行始终，《周月解》起牵牛，故周人以斗牛为星纪，为十二次之始；

此《月令》季冬星回于天，则起营室，室壁为天门，为十二次之始，相去四十五六度，岂得以此《月令》当周《月令》。

又云：

颛顼虞夏用寅，以立春起算，秦正朔用亥，而置算从之；唐殷正朔用丑，以冬至起算，周鲁正朔用子，而置算从之；《月令解》与《周月解》用唐殷法，此《月令》用颛顼虞夏法，至明也。周同唐起冬至，秦同颛顼起立春，《月令》于孟春言星辰之初，于季冬言日月星辰数将几终，岂得谓即《周书·月令解》，使与《周月解》相谬。

案《汉书·律历志》云："古历遭战国及秦而亡，汉存六历，虽详于五纪之论，皆秦汉之际，假托为之。"则六历置算，本不足据。姑如俞氏之说，以为可信，而所谓天正人正，特其历元之异，置算之术不殊，冬至定则立春可推，立春定则冬至可数也。王伯申从郑说以《月令》为秦制，则谓秦人岁有二首。俞理初谓《月令》非周制，则必欲使周人岁惟一首，各务锻炼周内而已。合而观之，则二首之说是，而施以驳《月令》则非耳。《周礼》一书，凡言正岁者，皆夏之正月，凡言正月者，皆周之正月，此固郑君之说，至当不易者也。谓之正岁，著于政典，而无其置算之法，可乎？是故秦人之岁有二首不可必，而周人之岁有二首可必也。《七月》为周公陈王业之诗，以夏正为主，而于周正则后文言一之日、二之日，亦岁有二首故也。岁有二首，则治历明时者，必各明著其置算之法，又可知也。俞氏据《周月》篇以驳《月令》,断章取义,而不观其全文,可乎?《周月》篇云:“春三月中气:惊蛰、春分、清明。夏三月中气:小满、夏至、大暑。秋三月中气:处暑、秋分、霜降。冬三月中气:小雪、冬至、大寒。”用周正以记事者,《春秋》则然。《春秋》之所谓春三月者,建子建丑建寅之月也,其中气安有所谓春分、清明者乎?他月准此。《周月》篇又云:“夏数得天,百王所同。亦越我周王,致伐于商,改正异械,以垂三统。至于敬授民时,巡守祭享,犹自夏焉。”《月令》者,敬授民时之书也,其用夏正,又何足怪乎?是则《周月》之篇,不足以明《月令》之异于《周书》,反足以明《月令》之合于《周书》矣。《周书·周月》篇云:“惟一月,既南至,日月俱起于牵牛之初。”此自周末之历得诸实测者也。《三统术》亦以冬至起牵牛为言,则拘牵古法,与实测乖异。汉元和四分历冬至在斗二十一度,立春在危十度,与《周月》篇相较,凡差六度,以岁差计之,约四百余年,则《周月》之作当在显王之世,前于不韦相秦之日约百年。冬至在牵牛初度,则立春在危十六度,《月令》疏引《三统术》如此,《管子·轻重己》云“以冬日至始数四十六日,冬尽而春始”,《淮南·天文》篇亦云“距冬至四十六日而立春”,故相去凡四十六度。《月令》云“孟春之月,日在营室”,谓立春也。知日在营室谓立春者,以大正历法以立春起算也,如谓举一月言之,则《月令》三十日,其季秋日躔,不当举五度之房星,仲秋旦中,不当举二度之觜星矣。营室凡十六度,即以初度计之,已逾二度,以岁差计之,则《月令》之作,前于《周月》之篇约百四十年。此依古术计之,若后世历术,牛女虚危诸宿之历,皆灭于古,不可以律古书也。其所纪昏旦中星,杂称弧建,仲春昏弧中,旦建星中,孟秋昏建星中。则其时二十八宿之名,犹未定也。《周礼·春官》“冯相氏掌二十有八星之位”，“硩蔟氏以方书二十有八星之号”，《月令》纪中星，不全用二十八宿，疑其作尚在《周礼》之前。其著于《周书》，更无足怪矣。汉人不知岁差，故刘歆《三统历》，牵合《春秋》。蔡伯喈以四分术说《月令》，亦犹是也。惟四分术，实由当时测验，傅以古法，故《月令章句》所载日躔，皆东汉天象如此，与《月令》实相乖刺。成蓉镜作《月令日躔议》，谓“《月令》立春日当在危十度，显与经文相背”，孔广牧作《礼记天象释》，复依其例，以推昏旦中星，或以月节言之，或以月中言之，漫无一定，皆由误以《三统历》为合于《春秋》，四分历为合于《月令》也。《周书》于《周月》之次，继以《时训》，其所载二十四气，始于立春，终于大寒，其所载七十二候，始于东风解冻，终于水泽腹坚，与《月令》若合符节。《月令》不出于《周书》，则《时训》又何以载于《周书》乎？俞氏读《周月》篇，举其前而忘其后，于《时训》则未尝一顾，何立论之舛也！又其一则，以前人所引《周书·月令》勘《戴记·月令》，其说云：

> 马融注《周书·月令》云：“春取榆柳之火，夏取枣杏之火，夏季取桑柘之火，秋取柞楢之火，冬取槐檀之火。”其书马融尚见之，依此《月令》，即当分为五处。又此《月令》有中央土，而《月令解》以土王四季名夏季，与《素问》名长夏同，知无中央土名。又《召诰》正义引《周书·月令》云：“三日粤朏。”即班志之古文月采，班固及见之，此《月令》无处著之。

此又读《论语》注而不得其解者也。其说不始于俞氏，自杜台卿已然，其言云：“蔡邕以为《月令》自周时典籍，《周书》

有《月令》第五十三，案《周书》序，周公制十二月布政之法作《月令》，自《周书·月令》耳。且《论语》注云，《周书·月令》有更火之文，今《月令》聊无此语，明当是异。”见《玉烛宝典》。俞氏之言，暗与之会，孙诒谷亦同此说。见《读书脞录》。渊如虽右蔡氏，竟无以解之。今案《论语》“钻燧改火”《集解》引马融曰：

> 《周书·月令》有更火之文，春取榆柳之火，夏取枣杏之火，季夏取桑柘之火，秋取柞楢之火，冬取槐檀之火。

《周书·月令》有更火之文，乃略举之词，与下文“春取榆柳之火”诸语，非出一书；否则“更火之文”四字为赘语矣。季长既以《周书·月令》有更火之文，证《论语》之改火，又引《邹子》书四时及季夏取火于木之文，以广其义。不云《邹子》者，古人简质，不尽注所出耳。《周礼·司爟》先郑注引此五句作《邹子》，不云《周书》也。贾疏云：“《邹子书》出于《周书》”，特牵合两注耳，非真见《周书·月令》也。然则所谓《周书》有更火之文者何也？曰，《月令》为周代政典，载于《周书》，记礼者取以为记，在《汉志》，《明堂阴阳》三十三篇中，《小戴记》又由《明堂阴阳》之古记转录其文，故《月令》于《别录》属《明堂阴阳》也。孔疏引《郑目录》。《吕览》、《淮南》，并取《周书》，与《礼记》之《月令》，同出一源。凡一文而数家并传者，其取舍详略，不能无异，传录既久，文句亦殊。故大、小戴同载《投壶》之篇，而《大戴》不取鲁薛鼙軨之节，《小戴》不传凡雅可歌之数，即其例也。此例甚多，不烦罗举。《戴记》、《吕览》、《淮南》，同取《周书》之《月令》，而详略取舍不同，《吕览》与《戴记》最近，然《吕览》季春孟夏有云："行之是令，甘雨至三旬"，季夏有云"行之是令，是月甘雨三至，三旬二日"，孟秋有云"行之是令，而凉风至，三旬"，仲秋有云"行之是令，白露降，三旬"，季冬有云"行之是令，此谓一终，三旬二日"，其文皆《戴记》所无。而《淮南·时则》他文与二家多异者，于此乃反有之。《淮南》季春孟秋皆有此数语。《淮南》之视二家，其文每略，而亦多出二家之外，皆由同用《周书》，而去取不同之故也。季长所谓"《周书·月令》有更火之文"者，其本文则《淮南·时则》篇云：

孟春爨萁燧火，仲春季春同。

孟夏爨柘燧火，仲夏季夏同，夏秋皆言柘，必有一误。

孟秋爨柘燧火，仲秋季秋同。

孟冬爨松燧火，仲冬季冬同。

即季长所谓《周书》更火之文也。以《淮南》有更火之文，知其出于《周书》之《月令》；以《戴记》、《吕览》之文略同《淮南》，知其亦皆同出于《周书》之《月令》；以出于《周书·月令》之《淮南·时则》所云更火，非春取榆柳诸语，而先郑注《司爟》引诸语，乃出《邹子》，知季长之语，乃融会两文。俞氏未得其解。今得其条贯，反覆相证，而无不合。然后知蔡氏所谓"《周书·月令》第五十三，吕不韦取以为纪，淮南王取以为第四篇"者非虚，而《戴记·月令》之果出《周书》，决矣。(《管子·幼官》篇云：以倮兽之火爨，中央。以羽兽之火爨，东方。以毛兽之火爨,南方。以介兽之火爨,西方。以鳞兽之火爨,北方。亦言更火,而与《周书》、《邹子》纯以木言者异。)《论语注》之季夏,俞氏独依误本作夏季,以强傅《素问》,更无足辨。若《召诰》正义引《周书·月令》三日粤朏,即用《汉书·律历志》之文,非真见《周书·月令》而引其文也。《汉志》作古文月采,颜注“说月之光采”,使孔氏果见《周书》而引之,则颜、孔并世,同为经儒,名相若,位相亚,孔之所见,颜亦宜见之;颜氏不引《周书》为证,以明采之为令,而以为说月光采何耶?孔氏疏《月令》,不一引《周书》以明同异,知其不见《周书》之《月令》,而此所引,正出《汉志》,其以古文月采为《周书·月令》者,妄意室中之藏耳。《月令》之文易晓,月采之义难知,改难就易,常情所同。故王伯厚反欲以《孔疏》改《汉志》,《困学纪闻》二。而不知其误;俞氏袭王氏之说,遂以为真出《周书》之《月令》,朱亮甫辑《周书》佚文,亦据《孔疏》录入,皆大谬也。俞氏又云:

> 鲁恭徒见《月令》之名,与《周书》篇名合,因言周世所造,所据夏之时也。周公制《周礼》,三代异制,岂得据夏正为令。

周之兼用夏正,前已言之。马融曾见《周书·月令》引以注《论语》,鲁恭年先于马,又当世名儒,位望通显,以经明与于白虎之议,非不见《周书》者。时《周书》之《月令》尚存,鲁恭竟不一检,徒以篇名偶合,妄相牵引,至乃形之奏牍,不畏讥笑,此事理所必无也。俞氏又云:

> 今检《月令问答》，则云“予幼读《记》，以为《月令》体大经同，不宜与杂录并行。而《记》家记之又略，前儒章句，不知征验诸经，《周官》、《礼记》实与《左传》通等”。是邕止据《记》作论，求其作论之由，则记书《月令》文义所说，博衍深远，宜周公所著，是邕忽然意思如此，不根之谈，不足信用也。

夫中郎所云“予幼读《记》”云者，追溯初读《礼记》时，即重《月令》之文，非毕生不见他书也。“《记》家记之又略”者，《周书·月令》，其文较繁，今可考者，有上所举更火之文外，凡《淮南·时则》篇叙十二月之令，有出《戴记》、《吕纪》外者，皆可决其为《周书·月令》之文。又如朱辑佚文，载《通典》、《御览》所引“春牝阵弓为前行”云云，《初学记》、《御览》所引“夏食郁律”云云，疑亦此篇之文。《记》者多所刊落，故云略也。非得《周书·月令》而校之，何由知其略乎？《月令》作于周公之说，远则本于《周书》之叙，近则取于贾、马之论，何谓不根？特以文无确据，故推赞其“博衍深远”，以为信出周公，非“忽然如此”也！宜之云者，诚为意测之辞，然蔡氏云“宜为周公所作”，不云宜在《周书》，岂得遂谓蔡氏不见《周书·月令》也。俞氏所说略同郑、孔者今不复辨。刘君申叔知俞说之不可通，作《〈明堂月令〉即〈周书·月令解〉说》，以为调停之论，谓：

> 《月令》有三：即周月令、秦月令、汉月令是也。周之《月令》，即《周书·月令解》。秦之《月令》，即《吕氏春

秋》十二纪,及《淮南·时则训》。汉之《月令》,即《小戴记》郑注所引《今月令》。

是又强为分析而失其理者也。《月令》本为政典,代有损益,其著于《周书》者,虽不必作自周公,要为周室所颁之令,则贾生所谓天子之言曰令也。《管子》之书有《时令》篇,度亦仲所施于齐国者,则贾生所谓诸侯之言曰令也。刘歆言阴阳家者流,出于古羲和之官。司马谈之《论六家要指》也,李奇解之曰:"阴阳之术,月令星官,是其枝叶。"张晏亦曰:"各有禁令,谓月令也。"并见《汉书·司马迁传》注。是《月令》之书,官有世守,至汉犹有月令师,隶于司隶校尉,见《续汉书·百官志》。周末失官,则阴阳家传之,记礼者得据以移录,其在《明堂阴阳》及戴氏之记,不改《周书》之本名,有由也。若吕不韦、淮南王安之流,招致宾客,造为私书,本非政典,何令之为。故吕氏之书名《月纪》而不名《月令》,《淮南》之书名《时则》而不名《月令》,以天子当阳,不敢以私书居政典之名也。秦之有无月令不可知,而吕氏之《纪》不得曰秦之月令,淮南之书虽同取于《周书》,而决非取之于《吕纪》,故其文句特多差异,更不可以为秦之月令也。至郑注所引《今月令》,前儒特多异说,兹略举之:

《月令》,孟春鸿雁来,疏云:"《今月令》鸿皆为候者,但《月令》出有先后,入《礼记》者为古,不入《礼记》者为今,则《吕氏春秋》是也。"

《潜研堂答问》云:"《汉·艺文志》有《明堂阴阳》二

十三篇，在《记》百三十一篇之外，此《礼记》四十九篇，小戴所传，刘向所录，郑君据以为注，其别出于《明堂阴阳》者，则谓之《今月令》矣。《说文》引《明堂月令》，如霡雨、岁将仉终之类，盖即郑所谓《今月令》，虽同出于《吕氏》，而文不无互异也。”

《经义知新记》云：“《月令》郑注屡云，《今月令》作某，王怀祖云：世以《今月令》为《淮南·时则训》非也，汉世有《明堂月令》，蔡伯喈所撰也。中按《祭法》注引《明堂月令》曰，春曰其帝太皞，其神句芒；夏曰其帝炎帝，其神祝融；中央土曰其帝黄帝，其神后土；秋曰其帝少昊，其神蓐收；冬曰其帝颛顼，其神元冥；其文与《礼记》同，然则《今月令》之为《明堂月令》，此其证也。”

《瞥记》云：“孔颖达说《月令》出有先后，入《礼记》者为古，不入《礼记》者为今。据郑《目录》，则《礼记·月令》即抄合《吕氏春秋》十二月纪之首章，并无先后古今之分，仲远之言，殊无所据。又郑与高诱同时，所见《吕览》，亦不应异同若是。窃疑所谓《今月令》者，乃汉时太史所上月历，非《吕览》也。”

《鉴止水斋集·〈月令〉说》云：“郑注中引《今月令》凡十七条，以今《吕览》校之，十七条皆不合，则《今月令》非指《吕览》，明甚。案汉时自有所行月令，《元帝纪》诏百官毋犯四时之禁，《成帝纪》诏曰，其务顺四时月令，《李寻传》云，今朝廷忽于时月之令，此皆西汉所行月令也。《后汉书·侯霸传》云，每春下宽大之诏，奉四时之令，皆霸所建，《章帝纪》，元和二年十一月日南至，初闭关梁，章和元年秋令是月养衰老，授几杖，行糜粥饮食，此东汉月令之班班可考者也。他如夏至案薄刑，见于《和帝纪》，仲春养幼小，存诸孤，季春赐贫穷，振之绝，省妇使，表贞女，见于《安帝纪》，皆与《礼·月令》相出入。然则康成所谓《今月令》者，其指当时所行之月令无疑。”

上所胪陈，则《今月令》有《吕览》、《淮南》、《明堂月令》、太史月历及两汉所行月令诸说。考郑注所引《今月令》，十有八条，梁氏《瞥记》、许周生《月令说》俱云十七条，误也。梁许皆取以证异同，而其说不了，今具列之，以与《吕览》、《淮南》相校：

一事：孟春，鸿雁来，注：“《今月令》鸿皆为候。”《吕览》、《淮南》皆作候雁北。

二事：季春，田猎，罝罘罗罔毕翳，注：“《今月令》无罘，翳为弋。”《吕览》、《淮南》作田猎毕弋罝罘罗网。

三事：季春，毋悖于时，无或作为淫巧，以荡上心，注：“《今月令》无于时，作为为诈伪。”《吕览》为作伪，《戴礼通解》引不误，《淮南》无此文，案《今月令》无于时句终，梁氏《瞥记》失其句读。

四事：季春，淫雨蚤降，注：“《今月令》曰众雨。”《吕览》、《淮南》并作淫雨早降。

五事：孟夏，王瓜生，注：“《今月令》云王萯生。”《吕览》作王菩生，高注菩或作瓜，瓝瓥也。《淮南》作王瓜生，高注云，王瓜括楼也。

六事：孟夏，毋休于都，注：“《今月令》休为伏。”《吕览》作伏,《淮南》无此文。

七事:仲夏,身毋躁,注:“《今月令》毋躁为欲静。”《吕览》作欲静,今本有无躁二字者,后人依《戴记》旁注,误入正文耳。《淮南》仍作无躁。

八事:仲夏,事毋刑,注:“《今月令》刑为径。”《吕览》、《淮南》并作径,今本《吕览》作刑者,后人依《戴记》改之,说见王氏《杂志》,梁氏《瞥记》谓吕仍作刑,非是。

九事:季夏,命渔师,注:“《今月令》渔师为榜人。”《吕览》作渔师,《淮南》作渔人。

十事:季夏,命四监,注:“《今月令》四为田。”《吕览》作令四监大夫,《淮南》作命四监大夫。

十一事:孟秋,民多疟疾,注:“《今月令》疟疾为疾疫。”《吕览》、《淮南》并作疟疾。

十二事:季秋,执弓挟矢以猎,注:“《今月令》猎为射。”《吕览》作执弓操矢以射,《淮南》作执弓操矢以猎。

十三事:乘玄路,注:“《今月令》曰乘轸路。”《吕览》作乘玄略,《淮南》无此文。

十四事:孟冬,命太史衅龟筴占兆,注:“《今月令》曰衅祠,祠衍字。”《吕览》作命太卜祷祠龟策占兆,《淮南》作命太祝祷祀神位占龟策。

十五事:孟冬,固封疆,注:“《今月令》疆或为玺。”《吕览》、《淮南》并作玺。

十六事:仲冬,渊泽井泉,注:“《今月令》渊为深。”《吕览》作渊,《淮南》无此文。

十七事:季冬,水泽腹坚,注:“《今月令》无坚。”《吕览》作水泽復坚,高注復或作複,毕校删坚字,不足据。《淮南》无此文。

十八事：季冬，以供郊庙及百祀之薪燎，注："《今月令》无及百祀之薪燎。"《吕览》、《淮南》并有此六字。

《今月令》与《吕览》合者十一事，鸿之为侯，翳之为弋，为之为伪，休之为伏，毋躁之为欲静，刑之为径，猎之为射，疆之为玺，又《今月令》作为为诈伪，而《吕览》作作伪，《今月令》王萯生，《吕览》有王菩、王瓜二本，王菩即王萯，衅祠《吕》作祷祠，亦有祠字。此十一事中，亦不尽合，《今月令》无罘，而《吕览》有罘，《今月令》作衅，而《吕览》作祷是也。其他异文，非郑所引者略之。与《淮南》合者四事，鸿之为候，翳之为弋，刑之为径，疆之为玺。全句不见《淮南》者四事，毋伏于都，乘轸路，深泽井泉，水泽腹。则《今月令》之非《吕览》、《淮南》，无暇烦言矣。钱氏以《说文》所引《明堂月令》为《今月令》，而郑君言《今月令》曰众雨，未尝言《今月令》曰霥雨，且无《今月令》几作仉之说，是以子之矛，陷子之盾，无以自解也。王怀祖亦以《明堂月令》为《今月令》，汪所引王说以《明堂月令》为蔡邕作，疑汪氏误记，或刊本有误，《大戴记·盛德》篇已引《明堂月令》，不得云蔡邕作也，王氏通学，决无此言。汪容甫以《祭法》注引《明堂月令》同于《戴记》证之，然此足以证《明堂月令》之同于《戴记》，不足以证其同于《今月令》。梁、许二说相近，惟月历之说为无据。许之引汉事为证，最为通识。然所引"闭关梁，养衰老"诸文，与《戴记》略同。此足以证明汉廷之用古月令，不足以明汉人之自有其月令。且郑君"固封疆"注："《今月令》疆或为玺"，或之云者，非一本之词也。若汉人自有其《月令》，当为官书，窜易一字，罪且殊死，何容有文字不同之别本乎?《章帝纪》:“元和二年十一月壬辰,日南至,初闭关梁。”《和帝纪》:“永元十五年,是岁,初令郡国以日北至,案薄刑。”初者,创始之词也。汉果自有其《月令》,有西汉诸文可证。不当于章、和之世,乃初行之也。《鲁恭传》云:“旧制至立秋乃行薄刑,自永元十五年以来,改用孟夏。”盖始依古《月令》改今制,非自改其月令也。然则所谓《今月令》者,即汉人所遵用之古《月令》,传于礼家,布于郡国,其在司隶,有月令师,其在郡国或以他掾摄之,《崔骃传》“篆乃强起班春”注,班布春令也。授时敷政,引以为据,其言有行有不行,非如汉律、汉令之一字不可更易,谓之今者,以其为官所通行之本,非学校讲习之籍故也。其殊于《小戴》者,乃或与《吕览》、《淮南》同,则其与《小戴》、《吕览》、《淮南》同出于古《月令》,而非汉廷之自有其《月令》可知也。刘君又谓:

鲁恭言,“《月令》周世所造,所据皆夏时”,此指《周月令》言,《月令解》虽不传,然前儒所称《明堂月令》,即《周月令》也,《史记·三王世家》索隐引《明堂月令》云:“季夏可以封诸侯,立大官也”,今此事于《小戴》属孟秋。又《明堂月令》,或称《王居明堂礼》,《小戴·月令》篇郑注引《王居明堂礼》云“孟冬之月,令农毕积聚,系收牛马”,今此事于《小戴》属仲冬。盖周以子月建正,秦以亥月建正,《吕氏春秋·序意》篇云“维秦八年,岁在涒滩,秋甲子朔”,顾观光以古历推之,知用颛顼术,此吕书用秦正之证。周之六月,于秦为七月,周之十月,于秦为十一月,《周月令》虽用夏时,然颁布政令,或从其所建之正,故与秦正差一月，此《明堂月令》即《周月令》之确征也。

鲁恭言《月令》周世所造，未尝别白言之，盖《月令》虽有《明堂阴阳》之记，及小戴诸人所录，然莫非同出一源，故统谓之周世所造。若秦汉各有一《月令》，则恭言不可通矣。犹明清各有其会典，使清人奏疏称引明之会典，不曰“明会典”，而仅曰“会典”，几何不可以为清室之会典乎？《月令》所以有“明堂”之称者，蔡氏《月令篇名》云：

成法具备，各从时月，藏之明堂，所以示承祖考神明，明不敢泄渎之义，故以明堂冠月令以名其篇。

非特此也，明堂为布令之地，月令则所布之令，其书又在《明堂阴阳》之记，故曰《明堂月令》也。蔡氏据《小戴·月令》以作章句，其释篇名，仍谓之《明堂月令》。郑君《祭法》注、高诱《淮南·原道》篇注、《风俗通·祀典》篇、韦昭《国语·周语》注，所引《明堂月令》，其文皆与《戴记》同，则《戴记》之《月令》，即《明堂月令》，不得歧而二之也。其字异者，乃礼家别本，如《说文》所引九条皆是，各详本文疏证，此不具说。若据小司马所引以为《明堂月令》与《戴记·月令》异，则牛弘在小司马之前，其《修立明堂议》曰：“今《明堂月令》者，郑玄云是吕不韦著春秋十二纪之首章。”见上。则郑所斥为秦制之《月令》，即《明堂月令》，非别有一《明堂月令》也。刘君所持为确征者，小司马所引之《明堂月令》，及郑所引之《王居明堂礼》，与《小戴》有一月之差耳。今考小司马所引，则《三王世家》有

"盛夏吉时，定皇子位"之言，《索隐》本欲引《月令》"孟夏封诸侯"以释之，而记忆偶疏，误牵孟秋之文，写者又误孟为季耳。若以此为一月之差，则《月令》孟秋云"毋以封诸侯，立大官"，小司马所引，则曰"可以封诸侯，立大官"，可之与毋，其文相反，岂得并论乎？若以《礼记》毋字为传写之误，则郑注已引《祭统》驳之，此郑所见本已如此，若以《索隐》可字为传写之误，则小马方引以证盛夏定位之义，不当引相反之文也。刘君云"此事于《小戴》属孟秋"，盖未之检也。《后汉书·陈宠传》引《月令》曰"孟冬之月，趣狱刑，无留罪"，今《戴记》在季秋。《戴记》先一月。又云"孟冬之月，身欲宁，事欲静"，今《戴记》在仲冬。《戴记》后一月。蔡氏《月令问答》云"孟秋行冬令，则草木枯，后乃大水，败其城郭"，今《戴记》在孟夏。《戴记》先三月。二君皆汉人，所引未尝标明堂之目，所述他文，又皆与《戴记》同，而复有此参差者，匪旧有异本，即字由今误，非独刘君所举《索隐》之文而已。其文或先或后，又将以为何代之制乎？前人造述，记忆偶疏，事所恒有，本无足怪，郑君汉代魁儒，其注《周礼·鬯人》，误以《曲礼》为《檀弓》，《射人》又误以《射义》为《乐记》。未有据其言以疑《檀弓》、《乐记》者。不得偏据《索隐》误文，以为有周秦之异也。郑君于仲秋"玄鸟归"注引《夏小正》曰"九月丹鸟羞白鸟"，今《夏小正》在八月，《孔疏》以为郑所见本异，实则九月亦八月之误，故郑君于仲秋引之，而不言其有异。若依刘君之例，则二文有一月之差，苟非同一夏时之书，又将以为异代之制矣，至《王居明堂礼》所云"孟冬之月，令农毕积聚，系收牛马"者，正与《月令》孟冬"循行积聚，无有不敛"相应，而仲冬之令复云"农有不收藏积聚者，马牛畜兽有放佚者，取之不诘”者,盖前月已有积聚牧敛之令,至此月民犹有不遵者,乃令取之不诘,以儆逸惰,其义至明,非有一月之差也。王居明堂之礼,与《月令》本非一文,而刘君误合之;又不考《戴记》孟冬之令,以证明其义,特因郑君引于仲冬之月之注,遽以为有一月之差,其误甚矣。且《月令》仲春“九门磔攘,以毕春气”注引《王居明堂礼》“季春出疫于郊,以攘春气”,是《戴记》反先一月,以刘君之例推之,则《戴记》之《月令》为周制,而《王居明堂礼》反为秦制矣,其可通乎?刘君所云“《周月令》虽用夏时,然颁布政令,或从其所建之正”,或之云者,本无所据之词也。是其立论之本柢,已出于臆断,而所谓确征者,乃至不确也。夫前人所引《明堂月令》,其文皆在《戴记》中,然亦有出《戴记》外者,《大戴记·盛德》篇曰:

《明堂月令》,赤缀户也,白缀牖也,二九四七五三六一八,堂高三丈,东西九仞,南北七筵,上圆下方,九室十二堂,室四户,户二牖,其宫方三百步,在近郊,近郊三十里。

此引《月令》,而冠以明堂者也。《盐铁论·论菑》篇曰:

《月令》曰,凉风至,杀气动,蜻蛚鸣,衣裘成,天子行微刑,始貙蒌,以顺天命。

《后汉书·章帝纪》元和二年七月庚子诏曰:

《月令》，冬至有顺，阳助生之文。

此引《月令》而不冠以明堂者也。其文皆不见于《戴记》，《汉书·魏相传》，又数表采《易阴阳》及《明堂月令》奏之，其所陈惟五帝之名见《月令》，余则《易阴阳》文，非《月令》之文也，所谓执规、执衡、执矩、执权、执绳云者，今见《淮南·天文》篇。宜若可为别有一《月令》之证，而刘君又未能引据及之，窃谓《月令》之外，在《明堂阴阳》中者，尚三十余篇，必有推说《明堂月令》之义者，前人引经说，皆直称本经，则引《月令说》，亦可直曰《月令》，故此文为《戴记》所不载。《大戴》所陈，尤与《月令》之文不类，盖说《明堂月令》之义，而兼说明堂之制者也。何以明之，《五经异义》见《礼记·玉藻》、《明堂位》正义。云：

《明堂月令书说》云："明堂高三丈，东西九仞，南北七筵，上圆下方，四堂十二室，室四户八牖，其宫方三百步，在近郊，近郊三十里。"

其文与《大戴》略同，而谓之"书说"，则为解说《明堂月令》之文可知矣。蔡氏《明堂论》引：

《月令记》曰："明堂者，所以明天地，统万物，明堂上通于天象日辰，故有十二宫，象日辰也。水环四周，言王者动作法天地，德广及四海，方此水也。"

其文亦《月令》所无，所谓《月令记》者，亦"书说"之类，则《月令》有说有记，而《大戴》与和帝之诏诸引《月令》之文，不见《戴记》者，又可以此推之，而非必季长所引更火之类矣。然则《明堂月令》即《戴记》之《月令》，亦即《周书》之《月令》，《吕览》、《淮南》同出于《周书》之《月令》，而未尝以"月令"名，汉人之月令，亦周人之月令，而非自有其月令，而刘君析而三之者，未得其理矣。至其所引，动相违牾，如谓"《明堂月令》，佚于隋代以前，故牛弘言未见"，而牛弘实以《戴记·月令》为《明堂月令》，不云未见也。果如其说，则《明堂月令》亡于隋代，小司马生于唐世，不当见之，而刘君乃据《索隐》所引以为立论之根，抑又何耶？谓"刘逵《蜀都赋》引反乃执爵，称为《周月令》"，今检《选》注，"饮御酣，宾旅旋"下。实无周字。其尤谬者，谓：

> 蔡言官号职司，与《周官》合，郑言官名时事，多不合周法，蔡、郑所据不同。蔡指《明堂月令》言，郑指《小戴·月令》言。惟蔡作《月令章句》及《问答》，仍以《秦月令》之文为据。

若如所言，则当蔡时，有合周制及不合周制之二《月令》，蔡既明知《明堂月令》官号职司与《周官》合，而秦之《月令》，始与《周官》不合，乃舍其合者，而注不合者，使伯喈非中风狂走，何以至是。故刘君之说，实无以自立者也。刘君又谓"《王居明堂礼》为《周书·月令》佚文"，尤为无据。篇以礼名，自当在《逸礼》三十九篇中，袁准《正论》云：

古有王居明堂之礼,《月令》则其叙也。

谓《月令》为王居明堂布政之次第也,《王居明堂礼》,著其总纲,《月令》则详其节目,其非一文可知。若如刘君说,以为《周月令》,则郑君于孟春"以迎春于东郊",注引《王居明堂礼》,明以为殷礼,又相连矣。今考《月令》注引《王居明堂礼》九条:

出十五里迎岁。孟春以迎春于东郊注引。○《洪范五行传》云:"迎春于东堂,距邦八里。"

带以弓韣,礼之禖下,其子必得天材。仲春于高禖之前注引。○末句疑郑语。

季春出疫于郊,以禳春气。仲春以举春气注引。○《洪范五行传》季春朔令同。

毋宿于国。孟夏无休于都注引。

仲秋九门磔禳,以发陈气,御止疾疫。仲秋以通秋气注引。

仲秋命庶民毕入于室,曰:"时杀将至,毋罹其灾。"仲秋可以筑城郭注引。○《洪范五行传》仲秋朔令同。

季秋除道致梁,以利农也。仲秋水始涸注引。○《洪范五行传》季秋朔令同。

孟冬之月,明农毕积聚,系收牛马。仲冬取之不诘注引。○《洪范五行传》孟冬朔令同。

季冬命国为酒,以合三族,君子说,小人乐。季冬大合吹而罢注引。○《洪范五行传》季冬朔令同。

《礼器》注引《王居明堂礼》一条：

仲秋乃命国醵。《洪范五行传》中秋朔令国作民。

《明堂月令论》引《王居明堂礼》一条：

王居明堂之礼，又别阴阳门，东南称门，西北称闱。

以上凡十一事，其合于《洪范五行传》者六事，知《洪范五行传》所言五方之极，及诸朔令，皆《王居明堂礼》文也。迎春有八里、五里之殊者，传文兼采古迎礼，见《续汉志》注。《淮南·时则》篇采《周书·月令》，而篇末所谓五位者，又采《王居明堂礼》以续之，故其文与《洪范五行传》大同。《董子·五行顺逆》、《治水五行》二篇，亦多取诸此，可覆案也。其文与《月令》相应，而非即《月令》，凡前人所引《明堂月令》，与《戴记》有异字而无异句；若《王居明堂礼》，则有同义而无同句：其为二书至明也。乃同以为《周书》之《月令》，何耶？蔡氏称"王居明堂之礼，又别阴阳门，东南称门，西北称闱"，此其文又岂《月令》所当有耶？自郑君斥《月令》为秦制，不惜目其师为俗人，而《月令》之古义湮。蔡氏《章句》之作，义据弘深，自隋至宋，著于史志，卒至沦亡，斯《月令》之重不幸也。清代之辑录《章句》佚文者，就予所见，有王谟、蔡云、陆尧春、臧庸、马国翰、黄奭、马瑞辰、叶德辉，凡八家。蔡本最著，而多杂采他书以乱本文，盖无足取。叶本最后出，以蔡、马、黄三家书为蓝本，而取《玉烛宝典》所载附益之，自谓"后出之本，无加于此”，而其人粗略特甚，《玉烛宝典》出于传写，讹文满纸，叶氏无所是正，犹可诿云存真。其中央章句，与季夏隔离，叶氏寻检未周，全未录入。又《宝典》第十一卷三四两叶，黎刊倒其次序，使所引章句下文，中隔一叶，叶辑遂亦失之，不悟其文之未终也。予重检诸书，正讹补阙，为之疏证，黎刊《宝典》第九卷独阙，日人尚有完本，岛田彦桢《古文旧书考》曾著之，无从迻录，以为深恨。其《月令》之为周为秦，论者多家，非疏证所能详者，别为序录一卷，将以规郑说，申蔡义，畅卢、孙所未通，匡俞、刘之违阙，孰得孰失，盖必有能辨之者。

向宗鲁先生学术年表*

1895 年(清光绪二十一年)

生于四川省巴县(今属重庆市)龙凤乡。原名永年,学名承周,字宗鲁。

1906 年(清光绪三十二年)

十二岁,入巴县达育高等小学堂。

1908 年(清光绪三十四年)

考入巴县中学堂。

1909 年(清宣统元年)

转入两年制川东师范学堂。

1911 年(清宣统三年)

因龚春岩、文伯鲁等老师支持,筹得助学金,考入成都存古学堂(后改称国学院,嗣后又改称国学学校)。

1915 年

1911 年考入存古学堂,1912 年 8 月入学,学制三年,于本年 7 月毕业。毕业后,在巴县木洞小学和江北中学任教。

1922 年

应武昌裕华厂厂主苏汰余等三家聘请,赴武汉作家庭教

---

* 本年表由罗国威先生撰写。

师。《说苑校证》一书成稿于此间。(此书 1987 年由中华书局出版。出版之前,由其弟子屈守元按原书体例,据其批注在《百子全书》上的资料,补足失去之四卷(卷十七至二十),以成全帙。)

与武昌徐行可(恕)、蕲春黄季刚(侃)交。

1927 年

应重庆陶闿士(闿)之邀,在思诚国学专修学校教书,为时很短,旋返武汉。

1931 年

回川。曾应聘到四川大学中文系任教授。不久即回重庆,任重庆大学中文系教授兼主任。

1933 年

重庆大学中文系合并入四川大学。仍留重庆,修《巴县志》,同时兼教重庆高中等校。

1935 年

在重庆修《巴县志》,分纂《疆域沿革》。

1937 年

受四川大学之聘,到成都任中文系教授,教授校雠学及《文选》、《淮南子》、《管子》等专书研究。

1939 年

四川大学为避日寇轰炸疏散到峨眉山,附校至峨眉。

1940 年

在峨眉,兼四川大学中文系主任。

1941 年

6 月,论文《周易疏校后记》刊于《华西学报》第六、七期合刊。

11 月，因病卒于峨眉，时年四十六。

《校雠学》原为川大授课讲稿，先生卒后，由其弟子屈守元整理成书，于 1944 年 12 月由商务印书馆出版。

《月令章句疏证叙录》，由其弟子王利器先生整理，于 1945 年 11 月由商务印书馆出版。

向宗鲁与《校雠学》

罗国威

向承周，字宗鲁，四川省巴县龙凤乡（今属重庆市）人。1895年生。父明轩，经营旅店兼茶馆。向宗鲁幼而好学，聪颖过人，有“神童”之誉。十二岁入巴县达育高等小学堂。两年后，考入巴县中学堂，1909年，又转入两年制的川东师范学堂。向宗鲁博闻强记，成绩优秀，颇得先辈称赏。

1911年，向宗鲁因龚春岩、文伯鲁等老师支持，筹得助学金，考入设立于成都的存古学堂。存古学堂后改称国学院，嗣又改为国学学校。该校创办于1910年，是一个培养国学人才的官办专门学校。

存古学堂所聘师资皆一时之选，学堂监督兼词章正教员谢无量（1884—1964），号希范，四川乐至人，辛亥革命后仍任国学院院副。教务长兼经学正教员吴之英（1857—1918），字伯朅，四川名山人，早年入尊经书院，为高材生，与廖平、杨锐、宋育仁并称“院中四杰”。历任尊经书院襄校及资中艺风书院讲席，辛亥革命后任国学院院正兼附设国学专修科主课教员。四川名儒徐炯（1852—1936）字子休，四川华阳人，也曾参与存古学堂教学。徐氏早岁以廪生入尊经书院，戊戌后专意授徒。曾游历日本考察教育，后任四川通省师范学堂监督，并被公推为四川教育总会会长。辛亥革命后为蜀中“五老七贤”之一，对地方政学两界多有影响。川中另一名儒廖平(1852—1932)字季平，四川井研人，1911 年被委以经学正教员一职。从以上略举的数人，即可见当时存古学堂师资力量的雄厚，在同类学校中是罕有伦比的。

向宗鲁考入存古学堂第二届，本该 1911 年入学，据档案记载，该届学生实际上是 1912 年 8 月才入学。有名师可以解惑，有典籍可资专研，向宗鲁在这样的环境中，经过三年磨砺，于 1915 年 7 月毕业。

廖平是今文经学巨子，存古学堂求学期间，向宗鲁虽尊敬廖平，但并不完全赞成其观点，经常向廖平发疑问难，且据理力争，颇得廖平赏识。向宗鲁治学，继承和发扬了清代顾炎武、阎若璩、惠栋、戴震、钱大昕、段玉裁、汪中、王念孙诸大师的传统，用宏取精，衔华佩实。历史常常给人开玩笑，今文经学大师廖平，居然培养出研究古文经学的杰出学者向宗鲁。

毕业后，向宗鲁在巴县木洞小学和江北中学教书。

1922 年，武昌裕华厂厂主苏汰余等三家聘请向宗鲁到武汉做家庭教师。三家子弟受业者不过十许人。他在武汉做了十年家庭教师，其间，闲暇较多而薪酬丰厚，遂得以潜心著述，他的《说苑校证》一书，当成于此时。同时，校理了《文选》、《史通》、《淮南子》等书，并与武昌徐恕(行可)、蕲春黄侃(季刚)游。徐行可藏书颇丰，且多珍本，黄季刚博极群书，向宗鲁与之日夜切磋，学问大进。

1931 年，向宗鲁回川，曾应聘到四川大学中文系任教授。

不久即回重庆，任重庆大学中文系教授兼系主任。1933 年，重庆大学中文系合并入四川大学，向宗鲁未赴成都，仍留重庆修《巴县志》，同时兼教高中。

1937 年，向宗鲁受四川大学之聘，复至成都，在中文系教《文选》、《淮南子》、《管子》等专书研究及校雠学。抗战爆发，四川大学于 1939 年疏散到峨眉山。1940 年，向宗鲁兼任中文系系主任，1941 年 11 月卒于峨眉，时年四十六。

《校雠学》一书原是向宗鲁先生在川大授课的讲稿。向宗鲁逝世后，由其弟子屈守元根据讲义及部分手稿整理成书交商务印书馆，于 1944 年 12 月出版。向宗鲁弟子王利器在书首《赞辞》中有云："录先师手定目录，为十有二，一曰正名，释校雠之名义；二曰原始，述斯学之起原；三曰宗郑，刺取康成《礼注》、《诗笺》之涉及校雠者，以为校雠规例；四曰评杜，取杜氏《春秋集解》之涉及校雠者，论其得失；五曰明颜，黄门家训，多涉校雠，今表出之，而以颜籀《汉书注》、《匡谬正俗》之涉及校雠者附焉；六曰申陆，取《经典释文》之论众本得失者，为广申其义；七曰议孔，取《五经正义》之涉及校雠者，论其得失，贾公彦诸人之说附焉；八曰择本上，论石经；九曰择本中，论古钞本；十曰择本下，论刻本；十一曰取材，论类书古注所引须慎择，以药近人窜易古书之失；十二曰杂述，古人及清人之从事校雠者，前目所不能该，于此杂陈之。"

然而，此书为未完成的著作，全书十二篇，实际上止《正名》、《原始》、《宗郑》、《明颜》、《申陆》、《择本上》、《择本中》七篇，其余有目无文。《正名》篇是为校雠正名。宋代郑樵《通志》有《校雠略》，《正名》篇指出郑樵的所谓校雠，是谈书目的编纂类例和亡书的搜求。清代章学诚有《校雠通义》一书，而章氏的校雠是“辨章学术，考镜源流”。郑、章的校雠实际上与校雠无涉，“冒尸校雠之名，翩其反矣”。嗣后，以群书错落致误的大量实例，来说明校雠在阅读古书时的重要性。《原始》篇首先为校雠溯源，指出最早有关校雠的记载见于《国语·鲁语》：“正考父校商之名颂十二篇于周太师，以《那》为首。”正考父之后是孔子，而孔子之后，当属刘向。遍考当时载籍，钩稽参与向、歆校书事业的人员若干，云：“因斯以谈，向、歆之鸿业，盖亦由涣群之吉，非夫一手一足之为烈也。”对刘向的工作程序作了总结：一曰聚本，二曰去复，三曰正讹，四曰补脱，五曰异文，六曰别义，七曰编次，八曰定名。刘向古籍整理的程序步骤，至今仍是我们从事该项工作的应遵循的原则。既而叹曰：“规模既远，衣被无穷。春秋以来，六艺折衷于夫子；西京以降，群籍删定于子政，盖异世同符矣。”《宗郑》篇云：高密郑君“所著群书，佚亡过半；《诗笺》、《礼注》，独有全帙。其中，勘旧本之是非，纠写官之讹误，盖亦多矣”。对郑玄的校雠工作作了深入细微的探讨，将其归结为以下三点：一、“子政校书，必聚众本，郑君亦然。”二、“郑君之校三《礼》也，有以纪载之实数核之者，如《校人》之‘八丽’，《职方》之‘七伯’是也”。三、“有以本书正本书者，如《腊人》之‘豆脯荐脯’‘庶孙之中殇下殇’，是也”。并对康成在校雠学上的贡献和影响，作了公允的评价。《明颜》篇云：“颜黄门擢秀江南，移根河北；《家训》一编，时甄异本”：如“杕杜”之讹“狄杜”；“牡马”之讹为“牧马”；“施施”之讹为单“施”；“田冐”之讹为“田宵”；“禔福”之讹为“提福”；“兴雨”之讹为

“兴云”；“青衿”之讹为“青领”；据萧该之说正“擐衣”之误；引李巡之注以定“宧木”之非；取王充之著订“妒娼”讹“妒媢”；资潘岳之诗明《史记》“伎痒”讹“徘徊”；以石刻订“虙羲”讹“宓羲”；资铁权证《史记》“隗状”讹“隗林”。“其取材之博，又校雠之良规也。”黄门孙师古，传其家学，厘定《五经》，著于《匡谬正俗》：释《郑风·野有蔓草》“漙”古作“專”，解《过秦》“逡遁”今讹作“遁逃”；援《齐书》定顾野王《符瑞图》“跌”字讹“玦”，引《宋高祖集》知沈约《宋书》“臧焘”讹“臧憙”，援据该洽，论述详悉。“其注班史也，稽撰群言，辨其异同，诸所征引，二十三家。”“《汉书》旧文，多有古字，解说之后，屡经迁异。后人习读，以意刊改，传写既多，弥更浅俗。今则曲覈古本，归其真正。是其择本之严，雠校之勤，良足多也。”《申陆》篇云：“若其研精六籍，采摭九流，搜访异同，校之《苍》、《雅》。两本俱用，二理兼通，悉并出之，以明同异；其泾渭相乱，朱紫可分，亦悉书之，随加刊正；复有他经别本，词反义乖，抑又存之，示博异闻。”对陆德明《经典释文》中的校雠，作了高度的概括和总结，并列举大量实例以明之。《择本上》论石经，石经为典籍的最早刻本。出土的汉代熹平石经残碑，每种经并有校记，附列本经之后，此乃开后人校记之体。又以魏代正始之三体（古文、篆、隶）石经之残碑，订其文字之得失。嗣以蜀石经与今世传刻之经书对勘，云：“苟能知瑾瑜之匿瑕，同葑菲之无弃，排沙简金，宝斯见矣。”末议北宋嘉祐汴梁刻二体（篆、真）石经，遍检群书，钩稽宋刻石经史料，全面考述。同时对清代乾隆年间太学所刻石经在版本学和校雠学上的地位作了恰如其分的评价。《择本中》论钞本，雕板印书之先，典籍都靠传抄："梁生之成万卷于白首，向郎之逾八十以潜心。以至齐献手刊，纪瞻自写；葛洪反覆，萧绎巾箱。或日课有程，或佣书代读；或箧盈数十，或纸过八千。斯曩哲之勤劬，即后生之轨则也。"继而对文献著录的中华本土旧钞本概况作了介绍。词锋一转，又谈及邻邦日本国所传古钞本，其中土已失传之书，如《玉烛宝典》、《文馆词林》、《群书治要》、皇侃《论语疏》、《老子》嘉祯钞本、《礼记子本疏义》、《文选集注》、古钞卷子本《文选》、古钞卷子本《春秋经传集解》等等。凡当时中土所知藏于彼邦者，多有涉及。对其在校雠学上的价值，分别有不同的论述。

综观全书，《原始》、《宗郑》、《明颜》、《申陆》四篇，分别对向、歆父子、郑玄、颜之推、颜师古、陆德明等列专章，对其校雠学上的业绩贡献作精辟论述，《择本》二篇从书史的角度对古籍诞生以来的校雠学历史作了深入的考论。全书分之则为历代校雠学家和校雠学的论列专章，合之则为一部完整的校雠学史。体大思精，结构严密。全书以骈文写就，俪语为纲，子注为目，纲举目张，疏密有致。阅读时除增长丰富的典籍知识外，还获得美的享受。无怪王利器先生在《赞辞》中叹道："故乃独抒甘苦，历论古今，箸为此书。义据宏深，文章尔雅，求之古人，当在《文心》、《史通》之间，盖千余年来无此作矣！"事实证明，王利器先生的评价是正确的。